Norma Garza Saldívar

EL ENSAYO DEL PASEANTE

POR UNA POÉTICA DEL PASEO

Obra ganadora de la VIII Edición
del Premio Diderot de Ensayo 2024

Ápeiron Ediciones

2024

Norma Garza Saldívar

EL ENSAYO DEL PASEANTE

POR UNA POÉTICA DEL PASEO

Ensayo

arte-facto

1.ª edición, 2024

© Del texto, Norma Garza Saldívar
© Ápeiron Ediciones

C/ Príncipe de Vergara, n.º 132, planta 9
28002 Madrid
Tfno.: (+34) 611 00 28 41
E-mail: info@apeironediciones.com
http://www.apeironediciones.com/

Maquetación, diseño: Ápeiron Ediciones
Imagen de portada: Caspar David Friedrich, *El caminante sobre el mar de nubes* [Fuente: Wikimedia Commons]

Papel procedente de fuentes responsables

ISBN: 978-84-129180-7-6
Depósito legal: M-22985-2024

No vivas en la tierra
como un inquilino
ni en la naturaleza
al modo de un turista.
Vive en este mundo
cual si fuera la casa de tu padre.
Cree en los granos
en la tierra, en el mar,
pero ante todo en el hombre.

NAZIM HIKMET

ÍNDICE

EL MÉTODO DEL PASEANTE

Para mí, las fotografías de paisajes (urbanos o campesinos) deben ser *habitables*, y no visitables. Este deseo de habitación, si lo observo a fondo en mí mismo, no es ni onírico (no sueño con un lugar extravagante) ni empírico (no intento comprar una casa a partir de las visitas de un prospecto de agencia inmobiliaria); es *fantasmático*, deriva de una especie de videncia que parece impulsarme hacia adelante, hacia un tiempo utópico, o volverme hacia atrás, no sé a dónde de mí mismo: doble movimiento que Baudelaire ha cantado en *Invitation au Voayage* y en *Vie Antérieure*. Ante esos paisajes predilectos, todo sucede *como si yo estuviese seguro* de haber estado en ellos o de tener que ir.

Roland Barthes

Si bien el epígrafe de Roland Barthes hace referencia a la fotografía de paisajes, para hablar de lo habitable a diferencia de lo visitable, me parece una buena analogía para lo que quiero representar con el ensayo del paseante, que invita a espacios para habitar; y no necesariamente a lugares soñados o a promociones turísticas para visitar o vivir ahí, es decir no sobresale el deseo onírico o empírico como lo esencial, sino, como lo expone Barthes, se trata de lugares "fantasmáticos", esto es de imágenes que proceden del interior de nosotros mismos y que impulsan hacia otros lugares y otros tiempos.

El crítico francés utiliza el símil, la imaginación, el 'como si', para crear imágenes que de alguna forma modifican la mirada en una videncia que trasciende el espacio y el tiempo. Como ya lo había advertido, el mismo Barthes, cuando se preguntaba si escribiría una novela: "¿Escribiré *realmente* una Novela? Respondo esto y sólo esto. Voy a hacer *como si* fuera

9

a escribir una, voy a instalarme en ese *como si...*" (2005:56). Porque aclara, lo importante "es el camino, el encaminamiento (...) la búsqueda del Fantasma ya es un Relato". (2005:57). Lo importante para él era establecerse en ese 'como si' y desde ahí emprender la búsqueda del "fantasma", como sucede en ese libro, *La cámara lúcida*. Quizá por ello, como se apunta en su prólogo, "de cada página emana la nostalgia del amor materno", aunque nunca veamos la fotografía de su madre, todo el libro parece *como si* diera forma a ese amor. En ese *como si*, se hace patente una escritura ensayística y al mismo tiempo autobiográfica, con la que dialoga, sugiere, murmura y traza algunos contornos o esbozos de su madre. Espacio literario que revela formas de amor concentradas, paradójicamente, en la certidumbre de una fotografía ausente, y, no obstante, a partir de esa ausencia se construye la obra, la imagen fantasmática, los "paisajes predilectos".

Así sucede con el ensayo del Paseante, en esos escritores que hicieron del paseo no sólo una experiencia personal sino una escritura ensayística. Ensayos que se leen como si el lector fuera también un paseante, que mira y tiene impresiones propias para conocer y habitar lugares que sin haber estado parecerán familiares, y sin haber pensado en ellos, quizá se querrían conocer, siguiendo las huellas que, de algún modo, va dejando la escritura del Paseante. De ahí que este ensayista, desde su paseo, construye otra manera de habitar, de leer la realidad y de mirarse a sí mismo, instalado en ese "como si" de lo que percibe e imagina anotando lo que cae bajo su mirada o lo que desde el silencio escucha; como recomienda Barthes, desde la "Notación, la práctica de 'anotar': *notatio*". Hay que *elegir* más que *inventar*, más que con la distancia con la proximidad de "lo que me sucede" y, con la intención de escribir. Es "el texto de la vida 'contemporánea'" porque "la literatura se hace siempre con la vida" (2005:53).

En ese sentido, el ensayo del Paseante configura la escritura que se hace con el acontecimiento de lo que se percibe, de lo que se va conformando por el ritmo del paso a paso, de la notación a la anotación, como si toda escritura estuviera marcada por el deseo de "volver a" o de "ir hacia" sin saber exactamente a dónde, pero buscando "eso" que agita la vida interior de un escritor. La búsqueda de ese espacio-tiempo, el impulso por esa práctica de la "notación", es lo que traza la escritura del Paseante, como sucede con algunos de los ensayos de Robert Walser, Virginia Woolf, Sergio Pitol, W. G. Sebald, Walter Benjamin, Fernando Pessoa, Henry David Thoreau y Miguel de Unamuno. Protagonistas y hacedores de su propia poética ensayística, lo que nos permite escudriñar en esa particular experiencia del paseo, que implica una determinada manera de percibir y estar en el mundo. Como si en ese ejercicio hubiera una repentina iluminación sobre lo visto, haciendo del ensayo, justamente, el intento por pensar, anotar y crear otra forma de habitar, de reconocerse en lo que lo rodea y más allá de ello, buscando eso fantasmático que impulsa hacia el pasado o al futuro de lo que se es. Porque la escritura se habita desde ese presente implicado en la proximidad a las cosas, notando y anotando lo que pasa, lo que le "pasa" y le atraviesa al Paseante para guardar y hospedar en la escritura el recibimiento de lo humano.

Estos ensayos, ejercicios reflexivos, biográficos y creativos, conciben lugares "habitables", fantasmáticos, que impulsan y construyen desde su recorrido, miradas diversas de la realidad para explorarla y traducirla en la imaginación y el deseo de escritura; lo que se revela como una visión crítica de la condición humana. Visión que incrusta en lo visible la extrañeza de las cosas. En todo caso un ensayo que deriva de una especie de videncia y de memoria para impulsar hacia otro tiempo y otro espacio con la narración, la reflexión, la sensación y la experiencia, lo que conforma, justamente, el ensayo del escritor Paseante. Como escribe Santiago Beruete en su *Jardinosofía: Una historia filosófica de los jardines*: "A medida que avanza por el sendero, el paseante recorre también un itinerario mental y a la par que va leyendo el paisaje, se impregna de sensaciones e impresiones."

La literatura tiende a construir realidades posibles, como si se invirtiera el mundo para resignificarlo y hacerlo existir de otro modo; para transformarlo y aprehenderlo desde la palabra del escritor. Con ella se perciben maneras de estar del ser humano porque hay en la escritura un deseo de dar cuenta de lo existente, pero también, un excedente del que no se puede dar cuenta. Por ello, la búsqueda incesante como un paseo siempre inconcluso, lo cual representa, en mucho, el sentido de la literatura. Se trata así de ensayos que presentan la creación de diversos espacios, recogidos por la mirada errante y melancólica que subyace en estos escritores como una percepción de la realidad, de la que nos volvemos siempre sus contemporáneos. Porque son ensayos que recogen lo eterno de lo pasajero, lo que permanece entre los gestos de las multitudes, lo que recrea el incesante orden de la naturaleza, lo mismo siempre otro, todo eso que toca lo humano, lo que se queda, pero nunca es lo mismo. La mirada del escritor recoge esto o aquello durante su paseo, en un ejercicio creativo donde lo visto se captura, pero no para reproducirlo y ordenarlo sino para habitarlo y transformarlo.

Paseantes que tienen la característica de hacer del paseo una experiencia crítica, y de su escritura una visión creativa de lugares o paisajes, como indagación constante en el torbellino de la vida diaria; lo cual necesariamente desafía las tradiciones: del pensamiento, de la cultura, de la crítica literaria, de las formas discursivas y los géneros, de las maneras de aprender. Transgresiones que, desde la escritura, resquebrajan formas de vida y procesos culturales que han tendido a anquilosar y a estrangular el ser de las cosas; formas que van quedando, en ocasiones, en el olvido o en la indiferencia. Se reconstruye, así, otra manera de mirar la realidad, sumida en lo más abyecto o elevada a la más pura sublimación de la belleza de lo humano. Lo cierto es que los ensayos de estos escritores son parte del mundo de las ideas, de la narrativa y el pensamiento: del ejercicio crítico de la literatura.

Se trata del Paseo, no sólo de manera geográfica y física, es decir, pasear por un lugar, recorrer un camino y estar abiertos a lo que evoca o despierta, sino también el paseo entre el yo íntimo del paseante y una realidad externa que se le revela para registrarla y de ese modo apropiarse de ella y transmutarla en la escritura. Paseo entre un registro y otro, entre narrar y explicar, entre escribir y pensar, entre sentir y percibir; paseo entre tiempos y, por ello, el ensayo del Paseante muestra de manera más evidente el riesgo y la apertura que conllevan el exponerse a las perplejidades que despierta la realidad cuando se recorre paso a paso.

En este sentido, la mirada del Paseante se introduce por las grietas de la naturaleza y la cultura, por la dicha y el desconsuelo, el goce y el desasosiego, la vida y la muerte que rodea a la condición humana. Realidad que configura el trayecto y la interioridad del Paseante con lo que va dando rostro y nombre a todo aquello que, arrojado al mundo, encuentra y quiere darle forma y constituirlo desde la escritura; no como algo separado de la propia experiencia sino como incesante construcción de su relación con el mundo. Mirada que se posa en las formas sensibles, pero que reconoce ahí mismo la estela fantasmática, la videncia que impulsa a otro tiempo más allá de sí mismo, y en el intento de capturar todo ello traza la ruta: desdibuja los caminos, pierde los contornos, olvida el trayecto. Cubre el paisaje con la neblina borrosa de imágenes, recuerdos e ideas: inventa un método "ametódico", y, en la confusión, las palabras vislumbran ese "paisaje predilecto" en el que todo sucede "como si yo estuviese seguro de haber estado en ellos o de tener que ir", como sugiere Roland Barthes.

El narrador ensayista combina la experiencia de sus impresiones con lo fantasmático del sentido como una forma de leer, recorrer y habitar el mundo. Recupera, entonces, ese espacio-tiempo en un ensayo donde se gesta la posibilidad de la "vecindad de todas las cosas". Género que despierta la mirada melancólica, como aquélla que evoca el ángel desolado de Durero en su pintura "Melancolía", quien, rodeado de todo tipo de objetos, contempla la ruina que deja el paso del tiempo; como si su mirada fuera el recipiente que recoge la fugacidad y la evidencia de la proximidad entre las cosas; pero también lo que entre ello se esconde, se esfuma, se olvida. Así, el ensayo del Paseante se convierte también en recipiente que hace de todo lo existente su contemporáneo.

Desde la soledad y la marginación del que mira, paciente pero insatisfecho, el Paseante trastoca, transforma con un impulso proteico, y quiere pensar desde su mundo aquel otro que no se ve al horizonte. Entonces los objetos de la vida diaria se detienen para ser aprehendidos por el saber del *rumiante*. Ese saber que se desprende de la mirada inquisitiva y melancólica de quien se da el tiempo para rumiar las cosas y las ideas, y despertar en ellas nuevas formas de relación, de significación, a fin de salvarlas de la ruina y el aislamiento, de la indiferencia. Porque en la soledad del Paseante impera la exploración de lo humano, soledad que tiene, según Heidegger, "el peculiar y original poder de no aislarnos sino de proyectar toda nuestra existencia hacia fuera, hacia la vasta proximidad de la presencia de todas las cosas" (1963:475).

Escritura, entonces, cuyo objeto es el mundo, el amor a lo que aparece, a lo que encuentra la mirada del Paseante como el ángel de Durero que mira, impávido, el pasar de las cosas, no para mantenerse ajeno y extraño, sino para recuperarlas en su escritura en el diálogo entre su interioridad y el mundo. O como aquel otro ángel, el de Walter Benjamin, el ángel de la historia, el *Angelus Novus* de Paul Klee, que clava su mirada en las ruinas, y quisiera detenerse y recomponerlas, pero no puede; y, en cambio, va hacia adelante, hacia el futuro, empujado hacia lo que Benjamin llama la "tempestad del progreso". Así, se ponen en evidencia dos miradas o posiciones distintas: la del ángel de Durero y la del ángel de Benjamin que, aunque

14

detenidas en la finitud de las cosas, quieren recoger nuevamente lo que ahí ha estado, arrancarlo de la invisibilidad, de la "utilidad" engendrada en la imagen moderna del espacio "visitable".

Desde la realidad de la concreción de las cosas se despliega la mirada hacia "esos paisajes predilectos", para no dejarse arrasar por el torbellino del progreso. Ensayos que llevan implícita la huella del Paseante, de su experiencia por el paseo en el espacio y el tiempo, desde sus márgenes y sus fantasmagorías; para recoger, como esos ángeles melancólicos, aquello de lo que ya hablaba Barthes: "lo ínfimo cotidiano, el 'quehacer'", que devela una "escritura doméstica", y que para él tiene que ver con la preparación de la obra, del ensayo.

En esta escritura se muestra que aun en la más profunda soledad no se puede dejar de intervenir, de mirar y desconocer, pero también de reconocerse y seguir errando en este mundo desde otro lugar, el lugar del ejercicio ensayístico, de la narración crítica. Pues el mundo cada vez está más regido por la ley de la información, como la entendía Walter Benjamin, quien retoma la narración para contraponerla a las formas de comunicación que sobre todo informan. La diferencia radica en que la información "transmite el puro en-sí de lo sucedido", mientras que la narración "se sumerge en la vida del que relata para participarla como experiencia a los que oyen". En efecto ese germen de oralidad, de cercanía a la experiencia para narrarla, es lo que, parece, quieren resguardar estos ensayos como relatos del Paseante. El escritor se sumerge, entonces, en lo que acontece para percibir y nombrar nuevamente la realidad, para habitar desde la videncia de otros paisajes que impulsan a la creación del espacio como experiencia; es decir, hace que la realidad que mira "le pase" y se adentre en su interior en la escritura del ensayo.

Si bien ambas formas comunicativas, la información y la narración, tienen objetivos diferentes, lo que penetra cada vez más en la existencia, tanto en lo visual como en lo auditivo es el acto de informar, de estar expuestos a una incesante descarga informativa que parece acosar, adormecer y paralizar los sentidos, y con éstos también, anestesiar la capacidad para hacer que las cosas *nos pasen*; es decir para tener experiencias capaces de intercambiar y transmitir el sentido de lo humano. En otras palabras, el ensayo del Paseante nos acerca al otro lado de la realidad, a lo insospechado y, apenas, apreciado, pero que abarca a la vida humana. Como esos parajes que evoca Roland Barthes donde "todo sucede como si yo estuviese seguro de haber estado en ellos o de tener que ir". Lugares que, a la luz de los ojos del ensayista, devuelven, entonces, una realidad invertida que pone en duda la significación de las cosas; que sopesan el sentido y el valor de la existencia. Lo fantasmático tambalea las verdades y resquebraja las realidades para ver también su ruina, su olvido, su muerte. Lo cual no significa dejar de ver la realidad, más bien aprehenderla desde la intimidad de la escritura.

Acercarse, entonces, por el ensayo del Paseante, a esos espacios o ciudades modernas donde impera la falta de tiempo y la prisa, requeriría, en efecto, de un pensamiento distinto al de la lógica discursiva, un razonamiento que "coordine los elementos en lugar de subordinarlos", como diría Th. Adorno. Probablemente la imagen que ayuda a vislumbrar esa "coordinación" es lo que Walter Benjamin llama "constelación". Constelación crítica donde un preciso fragmento del pasado se encuentra en el presente. Una imagen que conforma "aquello en la cual *lo ya sido* se une como un relámpago al ahora para formar una constelación", escribe el crítico alemán en su *Libro de los pasajes*. En esa constelación, la memoria se proyecta en lo porvenir para permanecer y resguardarse en el ensayo del Paseante, en el presente de su recorrido.

Constelaciones que ponen en crisis las formas de vivir la realidad, como si la mirada del ensayista reconstruyera formas olvidadas, gestos invisibles, acontecimientos simultáneos que van narrando la experiencia, contando la vida humana de lo ya sido en lo que está siendo. En las formas narrativas y alegóricas del ensayo se impone el imperativo cognoscitivo de la realidad del mundo, porque el Paseante recoge y preserva una manera de conocer, de tener conciencia del entorno y de su historicidad; de lo que perdura y de la propia finitud. En su camino, lo cotidiano irrumpe, asalta de manera inesperada, y el ensayista lo retoma, le da forma, lo saca de su entorno, lo reconoce y lo nombra de otra manera, le da vida y lo pone nuevamente en movimiento. El ensayo literario atenta contra el orden de los lenguajes; en realidad se escribe para pensar de otra manera: "porque escribir es ya organizar el mundo, –nos recuerda Barthes– es ya pensar (aprender una lengua es aprender cómo se piensa en esa lengua)." (2004:34). Sería inútil pedirle a alguien que se re-escriba si no está decidido a re-pensarse y a repensar su entorno. Para regresar a la literatura es preciso salir de ella; visitar esos lugares, a veces despreciados o desechados, los bajos fondos de la realidad y la psiquis, en un movimiento de salida y de regreso para "contestar" nuevamente con la obra. Como si ésta fuera una contradeclaración, un contradiscurso del mundo, pues más que afirmar las cosas como son, revela que las cosas han sido o podrían ser diferentes. Se mueve, entonces, desde el mundo para trastocarlo, alterarlo y volver a construirlo, para "pensar con imágenes" y mostrar con ellas, como un espejo, el otro lado de una realidad que, a veces, se ha perdido.

Escritura que muestra y sugiere lo que, de algún modo, la modernidad somete y adhiere a una sola identidad: la cara del desarrollo y el progreso. Quizá por ello, sea pertinente transgredir con el lenguaje los límites de las identidades, de los géneros y los discursos; pero también de la percepción de la realidad, de sus sentidos y sus formas, para ensayar nuevos horizontes de lectura del texto y del contexto. De ahí la necesidad de "responder" y estar siempre al margen de esa ortodoxia; como bien lo expresa Maurice Blanchot:

> la literatura es quizá esencialmente (no digo única ni manifiestamente) poder de contestación: contestación del poder establecido, contestación de lo que es (y del hecho de

ser), contestación del lenguaje y de las formas del lenguaje literario, en fin, contestación de ella misma como poder. (2007:66)

Contestar con el poder de lo literario, negar la ortodoxia del pensamiento, tendría que hacerse desde los márgenes, desde lo que se mantiene simplemente descentrado, lo que se queda fuera del centro; lo que está alejado de la cultura hegemónica; lo que parece estar no sólo separado sino desechado. Pero, por otro lado, está la posibilidad de habitar ese margen, esa frontera, abiertos al riesgo de penetrar más allá de los límites. Habitar la frontera misma es saber el valor del continuo movimiento porque no hay un solo lugar, un sitio donde echar las amarras y comenzar a vivir, a escribir, a pensar; se requiere de la travesía, del paseo, del errar por los caminos que tocan a veces los extremos del desencanto, pero también de la esperanza.

Estar al margen, ciertamente, en cualquiera de sus sentidos es estar separado de la comunidad, pero como escribe Gilles Deleuze en "Por una literatura menor": "y si el escritor está al margen o separado de su frágil comunidad, esta misma situación lo coloca aún más en la posibilidad de expresar otra comunidad potencial, de forjar los medios de otra conciencia y de otra sensibilidad..." (Deleuze y Guattari, 1990:30). De ahí que sea inevitable, desde el margen y las orillas, desde esa posición descentrada del narrador ensayista, tener una visión diferente de los centros que detentan el saber; se proyecta, entonces, otra forma de mirar, de habitar, de conocer. Por ello ya Walter Benjamin aludía a la necesidad de recuperar esos saberes que se despertaban en la narración.

Una escritura como forma de hacer inteligibles espacios no sólo "visitables" sino "habitables"; en este sentido estos ensayos son también una crítica a la modernidad, a los tiempos y espacios que exponen al individuo a ese mundo que se revela cada vez más lejano de la capacidad de tener experiencias. Pues sabemos que para "efectuar la destrucción de la experiencia no se necesita en absoluto de una catástrofe y que para ello basta perfectamente con la pacífica existencia cotidiana en una gran ciudad" (Agamben, 2007:8).

De la misma forma, lo que está en peligro de extinción es el hecho de referir historias libres de explicaciones, sin ser agotadas en el momento, sino más bien desplegadas en el tiempo; o el acto de sugerir, de provocar sorpresa recogiendo el material de la vida misma, de ser capaz de contar y transmitir experiencias y, por ello, sabiduría. En el recorrido, en su paseo, el ensayista recoge valoraciones cognoscitivas y éticas en fragmentos, "recuerdos-relámpago", "flashes de memoria", "instantáneas en prosa" (Cadava, 2006:45), porque acaso, en el fondo, la fotografía misma se cubre de una especie de bruma, de niebla que impide ver. En cambio, la novedad de la mirada que se despliega en la escritura ensayística, abre también otra forma de percibir, aquello que en la foto no se ve: el extrañamiento entre el ser humano y su entorno. Es la búsqueda del fantasma que impulsa el deseo de contar, de narrar, entrelazando la vivencia individual del espacio colectivo con la videncia de lo que no está, para que, al final, el lector construya su propia "visión". Donde habitar significa ir a contracorriente por este mundo en el que, en muchas ocasiones, la violencia, la estupidez y la barbarie terminan por imponerse.

Viajar, caminar o pasear se convierten, a la manera benjaminiana, en una indagación, en una forma de conocimiento de la realidad y en un trabajo introspectivo. Método "ametódico" que impulsa una mirada epistemológica y una manera de repensar y criticar el entorno del individuo. Salir sin rumbo fijo ni objetivo por las calles de una ciudad, como lo hacen estos escritores, no sólo nos evoca al flâneur beaudelairiano sino también a aquel que, al caminar, como expresa uno de los narradores de W. G. Sebald, lo hace con la esperanza de disipar el vacío o la melancolía de quien penetra en la naturaleza, o en las ciudades en las que vivimos: sus formas de vida, sus rostros, su creación y destrucción. Paseantes que se mueven entre los escombros, guiados por la "motricidad del desconsuelo y la del conocimiento", para conocer y saber más sobre *eso que somos y nos pasa*. La narración de esa "infelicidad", de ese desasosiego, es en sí misma la posibilidad para transformarse en otra cosa e imprimirle un tiempo memorable, un deseo de escritura. El "método ametódico" del ensayo retoma otra perspectiva de la realidad, aquélla que tiene que ver con la mirada íntima, con el gesto atento, con la contemplación y el arrebato por lo que existe, como escribe Robert Walser:

> Tenía ante mí toda la rica Tierra, y sin embargo tan sólo miraba hacia lo más pequeño y más humilde. Con amorosos gestos se alzaba y hundía el cielo. Yo me había convertido en un interior, y paseaba como por un interior; todo lo exterior se volvió sueño, lo hasta entonces comprendido, incomprensible. (2009:59)

Aterrizar ciertas intuiciones filosóficas, iluminadas por el trayecto y la escritura del Paseante, significa también rescatar ensoñaciones o acontecimientos, realidades que develan el extrañamiento, experiencia que trastoca todo evento mundano para convertirse en escritura.

Según George Lukács en el ensayo se suspende el concepto tradicional de método, como sucede con en el sistema fragmentario que utilizaba Benjamin y al que Adorno llamaba "método ametódico". El ensayista de hecho "procede, por así decir, de una manera metódicamente ametódica" (Lukaks, 1985:21), como el Paseante que, en su trayecto, no busca una adecuación entre la cosa y su representación, ni una explicación de lo que ve, sino más bien "muestra" una realidad que sale a su paso. En efecto, en esa compenetración con la exterioridad se construye la mirada ensayística que busca resignificar, nombrar, recoger, y volver a mirar, es decir, volver a pensar y a sentir la realidad para transformar en palabras lo que las cosas permiten ver bajo las condiciones creadas en el paseo y en la escritura.

Son famosas las anécdotas de filósofos o escritores (Kant, Rousseau, Stevenson, Nietzsche, Yourcenar, Heidegger, Camus, Handke, Baudelaire, Borges, o autores como los que se tocan en este ensayo) que hacían largas caminatas para encontrar en el mundo y en su reflexión, la conjunción y combinación de elementos de la ciudad y la naturaleza, de la introspección y el mundo, de lo fantasmático que evoca imágenes e ideas para luego, desde esa amalgama, proyectar el ensayo, el relato de la experiencia. Configuran así, desde la página en blanco, la ruta de una geografía interior marcada por el paseo solitario.

El Paseante sabe que los sentidos nos engañan, que no nos podemos confiar en las apariencias del mundo, porque todo está permeado por la pátina del tiempo y por el incesante movimiento que hace que las cosas no sean lo que parecen. De ahí la necesidad del paseo como una exploración de los márgenes y las orillas, como un regreso a lo que ha quedado descentrado y olvidado. El Paseante se sumerge, entonces, en la interioridad de las cosas y de sí mismo.

Robert Walser, Virginia Woolf, Sergio Pitol, W. H. Sebald, Walter Benjamin, Henry D. Thoreau, Fernando Pessoa y Miguel de Unamuno tienen una obra diversa. Sin embargo, en este trabajo me centro específicamente en algunos de sus ensayos que muestran la importancia del paseo para su quehacer artístico y reflexivo, intentando reconstruir con sus impresiones y percepciones, una poética del paseo que da cuenta de su proceso creativo y reflexivo de su realidad. Asaltados por la alteridad que los rodea, por el trayecto dichoso y melancólico que engendra *su* espacio y *su* tiempo, para imponerse como parte sustancial de sus textos. Paseos, entonces, que nos invitan a pensar con imágenes o a imaginar con ideas "eso" que sostiene a lo humano, y que revela la riqueza de la interioridad, pero también el pensar y el sentir sobre los problemas, acontecimientos y eventos que en el trayecto estos escritores van recogiendo como parte del paisaje, y de esa urdimbre laberíntica de calles y pasajes que se presentan frente a la mirada atenta del Paseante; ahora le toca al lector, acompañarle en el andar que han trazado con su escritura.

ROBERT WALSER Y EL TRABAJO DE LO INSIGNIFICANTE

Un individuo destruido y en la contemplación salvado (...)
siente compasión por toda vida destruida
W. G. Sebald

No era un viajero, pero sí un Paseante, explica W.G. Sebald sobre Robert Walser:

> recorría el país, a menudo en marchas forzadas nocturnas, cuando la luz de la luna iluminaba el blanco camino. En el otoño de 1925, por ejemplo, fue a pie de Berna a Ginebra, todo un trecho por el antiguo camino de peregrinos que conduce al santuario de Santiago de Compostela. (Sebald, 2008:69).

Caminaba observando, recogiendo, anotando, como el proceso implícito en la escritura de la experiencia del Paseante, que más allá de querer comunicar y expresar, impone una actitud frente al mundo, una posición frente a la realidad, una forma de conocer y aprehender el espacio. Retoma lo que apenas se ve o se nota, pequeñas cosas que parecen retazos con las que se erige el tejido del texto. Como si en esa labor "insignificante" de atender a lo apenas visible, pusiera el peso de la significación de la vida. De ahí que el paseo como "método" de reivindicación personal y social frente a la rapidez e inmediatez de los eventos de la realidad, apunta a formas de reconstrucción de la vida. Se establece así un modo de "relación de uno con uno mismo: de constitución de un *ethos* o 'vida filosófica', en la que pensamiento y vida se aúnan en vinculación trabada." (Morey, 2007:341).

Para Robert Walser el paseo es sustancial y necesario, como se deja ver justamente en su libro *El paseo*. Libro con el que podemos acercarnos y comprender la dimensión de su práctica cotidiana de caminar por las ciudades en las que vivió. Dinámica necesaria que busca la relación con el mundo para crear una poética desde su peculiar manera de ver las cosas y de construir imágenes, como una apertura de posibilidades críticas, cotidianas y reflexivas que dejan ver la personalidad de este escritor. Su libro, *El paseo*, comienza con un recorrido por la ciudad, y escribe:

> Declaro que una hermosa mañana, ya no sé exactamente a qué hora, como me vino en gana dar un paseo, me planté el sombrero en la cabeza, abandoné el cuarto de los escritos o de los espíritus, y bajé la escalera para salir a buen paso a la calle. [...] Esperaba con alegre emoción todo lo que pudiera encontrarme o salirme al paso durante el paseo. (Walser, 2009:9-10)

En efecto, en su paseo le salen al paso muchas cosas, encuentros de todo tipo, como el que tiene con un conocido funcionario de las oficinas de Hacienda, específicamente de la comisión de impuestos. Es curioso como Walser se detiene frente a él para aclararle que al servir como "pobre escritor" y disfrutar de unos muy pobres ingresos y, a veces, casi sin ingresos fijos y menos aún sin un patrimonio; le solicita que no suba los impuestos como ha anunciado, y el director de esa comisión le interpela: "¡Pero siempre se le ve paseando!", dándole a entender que no se le ve trabajando. Sin embargo, el escritor le responde con varios elementos clave que conforman su propia estética del paseo, por ello creo necesario citarlo:

> Pasear me es imprescindible, para animarme y para mantener el contacto con el mundo vivo, *sin cuyas sensaciones* no podría escribir media letra más [...] Sin pasear estaría muerto, y mi profesión, a la que amo apasionadamente, estaría aniquilada. Sin pasear y recibir informes no podría tampoco

rendir informe alguno ni redactar el más mínimo artículo, y no digamos toda una novela corta. Sin pasear no podría hacer observaciones ni estudios. [...] *Para mí pasear no sólo es sano y bello, sino también conveniente y útil.* [...] es para mí un placer y al mismo tiempo tiene la cualidad de que *me excita y acicatea a seguir creando,* en tanto que me ofrece como material numerosos objetos pequeños y grandes que después, en casa, elaboro con celo y diligencia. *Un paseo está siempre lleno de importantes manifestaciones dignas de ver y de sentir* [...]. (2009:52, énfasis mío).

Walser describe su actividad de Paseante como si de un trabajo formal se tratara, aunque sabe que su actividad no sólo es un trabajo sino una forma de vida, y continúa narrando su relevancia. Su mirada la detiene y la posa entre las cosas del mundo sin marcar entre ellas una jerarquía, sino atento a las manifestaciones de la vida y con ellas a esculpir también su propia forma a partir de todo aquello que para el Paseante es digno de ver y de sentir y, por tanto, es digno de la escritura que está por venir:

Sin el paseo y sin la contemplación de la Naturaleza a él vinculada, sin esa indagación tan agradable como llena de advertencias, me siento como perdido y lo estoy de hecho. Con supremo cariño y atención ha de estudiar y contemplar el que pasea la más pequeña de las cosas vivas, ya sea un niño, un perro, un mosquito, una mariposa, un gorrión, un gusano, una flor, un hombre, una casa, un árbol, un arbusto, un caracol, un ratón, una nube, una montaña, una hoja o tan sólo un pobre y desechado trozo de papel de escribir, en el que quizá un buen escolar ha escrito sus primeras e inconexas letras. *Las cosas más elevadas y las más bajas, las más serias y las más graciosas, le son por igual queridas y bellas y valiosas* [...].(2009:53, énfasis mío)

La mirada, entonces, para Walser tiene que vagar, deslizarse y descomponerse en lo que ve, en lo que sale a su paso, sin pretensiones y de manera desinteresada, sea lo más elevado o lo más bajo. Su paseo se convierte en la clave para entender la poética de su pensamiento, el "método" de su conocimiento y la "combinación" de los elementos para edificar su trabajo. Por ello, el ensayista también como el Paseante

> tiene que ser siempre capaz de disolverse en la observación y percepción de las cosas, y ha de postergarse, menospreciarse y olvidarse de sí mismo, sus quejas, necesidades, carencias, privaciones... [...] *Tiene que ser capaz en todo momento de compasión, de identificación y de entusiasmo*, y ojalá que lo sea. Tiene que alzarse a elevado arrebato y *hundirse y saber descender a la más profunda y mínima cotidianeidad*, y probablemente sabe. [...] Pero ese fiel y entregado disolverse y perderse en los objetos y ese celoso amor por todas las manifestaciones y cosas lo hacen feliz, como todo cumplimiento de obligación hace feliz y rico en lo más íntimo a quien tiene una obligación que cumplir. (2009:54, énfasis mío)

El Paseante conoce y sabe cuál es la "obligación" que lo hace feliz, más rico y más inmerso en su intimidad; posición que ciertamente lo sumerge en la más ardua cotidianeidad del trajín de los asuntos diarios. El escritor sabe que el trabajador común, generalmente cumple con las obligaciones no porque lo hacen feliz o más rico en experiencias, sino porque esa obligación se impone como un deber, un deber desligado de la propia voluntad. Ese individuo se mueve, más bien acostumbrado, resignado, anestesiado por el ir y venir en el mismo trayecto, atento apenas para llegar a su destino final; y, entonces, mal podría verse a quien "con demasiada frecuencia" se le ve 'deambulando' y "tiene reputación y mala fama de vagabundeo e inútil pérdida de tiempo". Pero Walser no se resigna a esas formas de control, a esas maneras de considerar el 'tiempo', a ese dominio de lo "útil" que poco a poco se va colando en la vida íntima de los seres humanos. Por ello, continua su reproche, su cuestionamiento, su incisivo deseo de explicarle, de mostrarle al Recaudador, aunque sabe que éste está demasiado adherido a lo que debe ser, a las obligaciones impuestas, a los discursos oficialistas y, por tanto, a la imposibilidad de afrontar otras realidades y formas de vida como las del pensador y poeta:

> ¿Sabe usted que mi cabeza trabaja dura y tercamente, y a menudo estoy activo en el mejor de los sentidos, cuando parezco un archigandul y persona frívola sin responsabilidad, sin pensamiento ni trabajo, perdido en el azul o en el verde, lento, soñador y perezoso, que ofrece la peor de las impresiones? Secreta y misteriosamente, siguen al paseante toda clase de hermosos y sutiles pensamientos de paseo, de tal modo que *en medio de su celoso y atento caminar tiene que parar, detenerse y escuchar*, que está cada vez más arrebatado y confundido por extrañas impresiones y por la hechicera fuerza del espíritu, y tiene la sensación de ir a hundirse de pronto en la tierra o de que *ante sus ojos deslumbrados y confusos de pensador y poeta se abre un abismo*. [...] Paisaje y gente, sonidos y colores, rostros y figuras, nubes y sol giran como sombras a su alrededor, y ha de preguntarse: '¿Dónde estoy?' *Tierra y cielo fluyen y se precipitan de golpe en una niebla relampagueante, brillante, apelotonada, imprecisa; el caos empieza, y los órdenes desaparecen.* [...] Al paseante le acompaña siempre algo curioso, reflexivo y fantástico [...] *da la bienvenida a toda clase de extrañas y peculiares manifestaciones*, hace amistad y confraterniza con ellas, porque le encantan, las convierte en cuerpos con esencia y configuración, *les da formación y ánima, mientras ellas por su parte lo animan y forman.* (2009:54-55, énfasis mío)

Hundido en ese "caos" de extrañas impresiones, Walser comienza a nombrar la realidad, a apropiarse de su entorno, a recomenzar el día, a dar forma a su ánima, a conmoverse; es decir a moverse con todo aquello que recoge en su paseo para recuperar el paisaje y todo lo que lo habita, con otro orden y otro lugar, configurando y creando su propio método y organización de las cosas que ve, "cuerpos con esencia", con alma. Pareciera que su pregunta "¿dónde estoy?" lo precipita hacia una niebla brillante en la que no se ve con claridad; pero, paradójicamente, por otro lado, logra vislumbrar con su ensayo sentidos y rutas que se manifiestan desde su sentir.

¿Le habría comprendido aquel funcionario? Quizá el escritor en el fondo sabía que sus actividades seguirían siendo incomprendidas y juzgadas como inútiles y sin sentido, seguirían sin escucharse y sin reconocerse, porque no parece un trabajo "productivo" y menos aún, una ocupación generadora de ganancias. En el fondo lo sabe el escritor que se dedica, justamente, a "rescatar" aquello que parece salir del entorno de la mirada mercantilista, y cultiva los principios críticos inherentes en todo trabajo creativo. Por ello, le aclara su posición y resume en pocas palabras su quehacer: "en una palabra, me gano el pan de cada día *pensando, cavilando, hurgando, excavando, meditando, inventando, analizando, investigando y paseando*". (2009:56, el énfasis es mío)

Qué tan lejanas parecieran a veces esas acciones: pensar, hurgar, meditar, es decir pasear, en un mundo donde parece no haber tiempo para eso. Los individuos encuentran también sentido en el "ya no hay tiempo", o en esa ocupación constante que los hace sentir reconocidos, útiles, justificados, pero atrapados a fin de cuentas en esa inercia y costumbre, que olvida quizá esa pregunta esencial que se hacía Walser: "¿Dónde estoy?"; es decir detenerse un poco frente al torbellino que se impone de fuera, para pensar, para crearle otras formas a ese "deber", a ese "trabajo" que ha mercantilizado la actividad humana y ha olvidado "detenerse y escuchar".

Si analizamos con cuidado lo que escribe Walser, nos encontramos con lo que configura la vida del Paseante; casi se estaría trazando la ruta de lo que conforma el trayecto artístico, en el que se hacen necesarias determinadas características, actitudes y habilidades, pero, sobre todo, el ojo crítico y sensible; es decir, la visión ensayística capaz de percibir, no sólo lo que "aparece" en la realidad sino lo que desde ahí hace señas, sugiere y vislumbra lo que no está. Por eso el Paseante recoge todo lo que le pueda servir para reconstruir con su escritura sentidos que den cuenta de la complejidad de lo humano.

El diálogo de Walser con el funcionario muestra como se ha desvirtuado y empobrecido la experiencia del paseo mismo –como otras tantas actividades que tienen que ver con la estética, con la intimidad, con la soledad y el pensamiento, es decir con esa necesidad del individuo de tomar distancia para acercarse de otra manera a la realidad–, considerándolo como un mero sinnúmero de vivencias sin la unidad de sentido, o como "explosiones discontinuas, sacudidas del presente destinadas a flotar irredentas en la memoria, en una mera acumulación sin enseñanza." (Morey, 2007:375). No obstante, el ensayo del Paseante, en su movimiento continuo, es atravesado por la multiplicidad de acontecimientos con los que va configurando su trayecto no sólo como acumulación de historias o imágenes sino como una constelación crítica que esboza la unidad de un pensamiento, de una vida y de una realidad que se vierten en el ensayo del Paseante; género que abre la posibilidad de percibir de otra manera las cosas del mundo, pero sobre todo con las enseñanzas que de ellas se desprenden cuando se está dispuesto a que ese mundo le dé qué pensar.

En sus caminatas, que también le servían para construir sus novelas y escritos, Robert Walser recoge lo que se acaba, lo que se disuelve, como si en sus recorridos vislumbrara la epifanía de lo eterno en lo más pasajero, mudable e insignificante, y casi podríamos imaginar el siguiente fragmento ahí en su último instante, en su último paso:

> Yo me detenía y escuchaba, y de repente se apoderó de mí un inefable sentimiento del mundo y una sensación de gratitud, unida a él, que brotaba del alma con violencia. Los abetos se alzaban rectos como columnas, y nada se movía lo más mínimo en el amplio y delicado bosque, por lo que toda clase de inaudibles voces parecían cruzar y resonar. *Los sonidos del mundo primitivo llegaron, no sé de dónde, hasta mi oído.* 'Oh, con gusto, si ha de ser, quiero acabar y morir.' (Walser, 2009: 33, énfasis mío)

El tiempo del Paseante traza una sucesión de instantes unidos en un presente que también es pasado y futuro; fugacidad eterna, permanencia en movimiento, capturadas por la mirada del ensayista. Tiempo y espacio recobrados en la experiencia impresa de la propia vida del escritor, y resuenan las palabras de Jorge Luis Borges de su epílogo *El hacedor*:

> Un hombre se propone la tarea de dibujar el mundo. A lo largo de los años puebla un espacio con imágenes de provincias, de reinos, de montañas, de bahías, de naves, de peces, de habitaciones, de instrumentos, de astros, de caballos y de personas. Poco antes de morir descubre que ese paciente laberinto de líneas traza la imagen de su cara.

Eso parece esbozar en sus recorridos el Paseante: la ruta laberíntica que no podría volver a recorrer exactamente porque siempre se abre otra bifurcación en el camino, y está dispuesto a perderse en ese deambular. Un trayecto conformado por espacios y tiempos que se desdibujan en imágenes, eventos y acontecimientos que pueblan cada instante de su vida. Y es que justamente lo que hace del paseo algo singular es la falta de intencionalidad, de dirección y objetivo, más bien aparecen múltiples opciones donde el riesgo, la incertidumbre y la extrañeza es lo que impera. El Paseante se pierde en ese laberinto del mundo, recogiendo lo que puebla un espacio para después adentrarse en el umbral de la escritura y la lectura, nombrando y trazando ese otro laberinto que conforma la imagen de su ensayo. Un pensamiento abierto a la exterioridad deshace los contextos, interrumpe las imágenes y las arranca de su temporalidad para regresar a la escritura, creando otros significados y sentidos. Sólo en esa interrupción se realiza quizá la verdadera lectura como la quería Benjamin: la lectura como una "intervención en el texto"; lo cual reafirma esa posición como ejercicio crítico del Paseante. Lector de ese otro tejido: la realidad, para conformar el ensayo de su trayecto, pues "sólo cuando la lectura deshace el contexto de una imagen, un texto se revela, como el negativo fotográfico, dirigido hacia su pleno significado histórico." (Cadava, 2006:128).

El Paseante se apropia de todo lo que *le* pasa, "interviene" en ello, lo incorpora para proyectarlo en su escritura, en un proceso incesante por ver el otro lado de las cosas; aquel, en el que muchas se han quedado marginadas, olvidadas, desechadas. En un proceso invertido, como el negativo fotográfico que se revela distinto al que queda impreso en papel, para percibir las otras caras de la condición humana; quizá más alejadas de los contextos del utilitarismo, de la indiferencia, la banalidad y la enajenación. Entre la parafernalia y el ruido incesante, la vida, en esta sociedad moderna, ha perdido probablemente el sentido íntimo del pensamiento, la capacidad de tener experiencias y los espacios de silencio y soledad; empobreciendo, con ello, la mirada de ese sujeto extraviado en el tumulto de las ciudades. El individuo se encuentra, entonces, aislado en la masificación de los espacios; agobiado por el torbellino del consumismo; agotado por el sinsentido de su prisa, de su falta de tiempo; como si se estuviera olvidando poco a poco la relación íntima entre el que mira y lo mirado: encuentro que, de alguna forma, inaugura de nueva cuenta el asombro frente a la realidad, como se manifiesta en el libro *El Paseo*.

En la interrelación entre escritura, lectura y paseo; entre pensamiento y experiencia, las cosas vuelven a decir algo en la intimidad del Paseante. Ensayando el espacio y el tiempo, el escritor se sumerge en el ajetreo y el ruido de la ciudad y no sucumbe al movimiento caótico de la existencia, sino que se refugia en esa soledad que no aísla sino "que arroja la existencia humana total —como quería Hiedegger— en la extensa vecindad de todas las cosas" (1963) como se evoca en la escritura de Robert Walser. Ahí pone en evidencia la soledad como la radical comunión del ser con las cosas del mundo; su compenetración con ellas no es para cambiarlo sino, en todo caso, para saberse parte de él, para interiorizarlo y exponerlo, en el ejercicio de la escritura, como el lugar donde se habita, donde se manifiesta el vivir humano.

El escritor suizo Robert Walser nació en Biel, el 15 de abril de 1878 y murió en Herisau, Suiza, el 25 de diciembre de 1956, y en el camino, de lo que sería su último paseo, sólo quedaron las huellas en la nieve que conducían y llegaban a su propio cuerpo: el fin de su vida parecía anunciar lo que siempre había realizado: el paseo. En esa última fotografía de Walser tirado en la nieve frente a sus propias huellas, cobraba, así, el paseo su más alto significado, donde la experiencia de la finitud de la vida se fusionaba, inexorablemente, con su escritura.

Gran parte de su vida la vivió, por voluntad propia, en hospitales psiquiátricos, como si la realidad cotidiana lo hubiera enajenado, y ensayara distintas formas para huir de sus tentáculos y seguir errando; no tanto por la inercia vacía y vertiginosa del trabajo y de los días, como por los caminos que se abrían a su paso con la escritura. Aturdido, a veces, por las multitudes en las ciudades, eligió, en sus últimos años, recorrer otros caminos en la naturaleza y el silencio, y, en lo profundo de esa soledad: "se dio cuenta con frecuencia de que precisamente el peligro de la enajenación mental le permitía a veces una agudeza de observación y expresión imposibles cuando se está plenamente sano." (Sebald, 2008:57).

Mirar y expresar, tomar y dar la palabra, parecía ser lo que daba ritmo a sus paseos por una geografía interior que agudizaba sus sentidos en una percepción exorbitante, donde todo parecía tener relación y ser parte de una totalidad mayor de lo que representaba un individuo. Quizá, al no establecerse en ningún lugar propio, sino en un hospital, sin tener la más mínima posesión y alejado cada vez más de los otros, aunque siempre inmerso en la realidad del ser humano, podía disponer de cualquier cosa incluso de lo más insignificante y vivir con ello: "lo que veía era tan pequeño y pobre como grande y significativo, tan modesto como atractivo, tan cercano como bueno y tan agradable como cálido." (Walser, 2009:59). Y es que habitar el espacio y el tiempo, ese hecho primordial de "estar en la tierra, para la experiencia cotidiana del ser humano", como escribe Heidegger, cae en el olvido, pues "habitar no se piensa nunca plenamente como rasgo fundamental del ser del hombre". Ese pareciera ser el rasgo esencial de la escritura de Walser: el deseo de buscar y reconstruir *su* lugar para habitar-se en esa experiencia cotidiana del estar en la tierra.

El acto mismo de sus recorridos no es tanto para escribir crónica e instalarse en una temporalidad, más bien se trata de recuperar "eso" que ha perdido la vida contemporánea: la capacidad de mirar, de detenerse y ensayar de nueva cuenta la forma de lo humano. Robert Walser se percata del abismo enorme, cada vez más hondo, entre lo que somos y lo que hacemos, de ahí su reclamo, pues cree que en el hacer cotidiano de los seres humanos se pierde, de algún modo, la existencia de lo inefable e invisible a los sentidos; "eso" que nos recuerda el escritor con su acción de "pasear". Pues el paseo implica experimentar la geografía interior del Paseante en todo aquello que despliega *su* presente, hacia *lo otro* del tiempo y del espacio, para poner en evidencia el movimiento como "metáfora de la experiencia" por ello el paseo se asemeja al viaje:

> es posible que el paseo sea la forma más pobre de viaje, el más modesto de los viajes. Y, sin embargo, es uno de los que más decididamente implica las potencias de la *atención* y de la *memoria*, así como las *ensoñaciones de la imaginación* y ello hasta el punto de que podríamos decir que no puede cumplirse auténticamente como tal sin que ellas acudan a la cita. Pasado, presente y futuro entremezclan siempre sus presencias en la experiencia del presente que acompaña al Paseante y le constituye como tal. (Morey, 2007:341, énfasis mío)

En esa experiencia se configura la constelación que hace del que camina un Paseante: el que recoge no los fantasmas que se desvanecen al abrir los ojos, sino lo fantasmático que se proyecta desde el tiempo-ahora del escritor como una videncia que impulsa hacia atrás o hacia adelante de lo que lo rodea y de sí mismo; que tiene que ver con el tiempo de la espera, del anhelo y la añoranza de lo que está por venir. Pero también una videncia muy cercana a la contemplación, es decir a la "percepción que busca saturarse por entero, volverse habitable" (Morey, 2007:367), y quizá, por ello, experiencia que termina por construirse en la escritura. Trabajo que se apropia de los espacios a partir de la mirada y el recorrido, pero, sobre todo, que se sumerge en la conciencia del propio ser. Aprehender el pasar de las cosas que *nos pasan* "(o más aún, que lo específico de la experiencia del hombre moderno es su saberse de paso, desnortado, entregado a la errancia como a un destino)" (Morey, 2007:368), es lo que nos recuerda el ensayo del Paseante.

El estar *desnortado* y perder de vista el camino, es justamente lo que asume el Paseante. En su pérdida reconstruye otros caminos, opta por uno u otro, no como un vagabundeo sin sentido sino, por el contrario, la errancia como el único sentido para encontrarse consigo mismo. Paradoja inevitable el abrirse a la exterioridad para entrar en sí mismo: "A la dulce luz del amor, reconocí o creí deber reconocer que quizá el hombre interior sea el único que en verdad existe". (Walser, 2009:59). Quizá por eso Walser no tenía necesidad de hacer grandes viajes, pues descubría la originalidad de las cosas en *sí mismo*. Como escribe Sebald sobre su escritura: "casi siempre escribió lo mismo y nunca se repitió" (2008:16). Walser había observado también que "en el fondo, de una prosa a otra, escribía siempre la misma novela, una novela que podía calificarse de 'un libro en primera persona cortado o dividido de muchas formas.'" (Walser, 2009:39).

Escritura que nos remite al relato ensayístico, atravesado por el lenguaje de la ironía con el que desenmascara realidades que no pueden decirse de otra manera, más que desde la profundidad de la experiencia; pero ésta, en muchos casos, como ha advertido Giorgio Agamben, ha sido "expropiada"; expropiación que estaba implícita en el proyecto de la vida moderna. No obstante, pareciera que el acto mismo del Paseante, de su mirada y su ejercicio fantasmático, elaborado en el ensayo, enfatiza en la recuperación de esa experiencia como resistencia y como intervención. Se trata del deseo de mostrar más que de explicar, como quería Benjamin, como recurso para encontrarse y "citarse" con las cosas del mundo. Este encuentro se hace patente en *El paseo* de Walser: "Paisaje y gente, sonidos y colores, rostros y figuras, nubes y sol giran como sombras a su alrededor, y ha de preguntarse" este "pensador y poeta", este Paseante, "¿Dónde estoy?", entonces, "el caos empieza, y los órdenes desaparecen". Enfrente de ese caos, del abismo de la realidad, el escritor se detiene y escucha, escribe, abierto a la existencia para indagar y preguntar, para transfigurar la realidad, para ordenarla desde su mirar poético y crítico.

Walser, sin posesión alguna sino de su ironía y perspicacia, percibe también la necedad de aquellos que frente a la violencia y la pobreza sólo respetan el dinero, y eso les "impide respetar cualquier cosa". Enfermos de otro tipo de ceguera, la que les imposibilita ver las cosas más insignificantes: los que "tienen una desmedida opinión de sí mismos, que les impide comportarse con inteligencia y consideración", que se quedan en el exterior y por tanto en la incomprensión del mundo. Aquellos a los que también Elías Canetti calificaba como seres que hacen de la destrucción "una profesión que los va engordando más y más cada vez", muy alejados de la conciencia del mundo en el que vivimos y muy cercanos a la estupidez humana. Y no porque el escritor Paseante escriba para recrear y denunciar lo que ve, sino porque sumergido en el abismo de la realidad, le interesa lo que está dentro de lo que acontece. La esencia de esa condición humana, de la que forma parte para convertirse en el guardián, como pensaba Canetti, en el testigo, o en el pepenador, al estilo benjaminiano; en aquel que alberga y hospeda y que puede aproximar en su escritura "la totalidad de todas las cosas". Por ello, el Paseante es el creador o demiurgo que regresa la vida a las cosas, el guardián que cuida y hospeda, que acoge el ánima del mundo en las palabras que expresa. Crea así su propio método, trastocando, invirtiendo, tocando nuevamente las cosas con su paso a paso. De ahí que Robert Walser exponga en su libro *El paseo* el "método ametódico" de esa actividad cada vez más caída en el olvido y desechada por el ritmo incansable de la vida moderna, que parece rebasar el paso a paso del individuo. El escritor suizo ejerció un oficio, un trabajo que convirtió en un estilo de vida y que por ello llevó a cabo hasta el último instante, cuando en su paseo cotidiano se encontró con la cita definitiva: su muerte. Un instante que evoca aquel memorable fragmento del *Fausto* de Goethe:

> ¡Choquen nuestras manos! Si un día le digo al fugaz momento: '¡Detente! ¡eres tan bello!', puedes entonces cargarme de cadenas, entonces consentiré gustoso en morir. Entonces puede doblar la fúnebre campana; entonces quedas eximido de tu servicio; puede pararse el reloj, caer la manecilla y terminar el tiempo para mí.

VIRGINIA WOOLF Y EL DESEO
DE FABRICAR VIDAS

Cuando en la calle atrapamos una palabra al paso y de una
frase casual fabricamos una vida.

Virginia Woolf

El proceso de apreciación de la realidad es infinito pues
una cosa sugiere otra, cada historia alude a otra, como un pa-
limpsesto en el que todas las capas son igualmente válidas y
no hay una sola que impere como única verdad. La mirada del
Paseante excava y recoge todo aquello que ya perdió nombre
o rostro porque ha quedado olvidado entre una multitud de
vidas, de objetos, de tiempos o porque, simplemente, ha sido
enterrado por la fuerza del presente que se ha impuesto. Como
escribiera W.G. Sebald: "Historias sin principio ni final a las
que alguna vez habría que seguirles el rastro" (2003:111); o
como pensaba Virginia Woolf, palabras que se atrapan en las
calles y a las que se les tendría que fabricar una vida; construir-
la con el papel y la pluma, y con esa excusa sale a comprar su
instrumento de trabajo: "una mina de lápiz".

En su ensayo llamado "Caminata por las calles: una aventura londinense (1927)", de su libro *Viajes y viajeros* (2001), la
escritora inglesa muestra lo que va encontrando en su trayecto, con la paciencia de quien se da tiempo para observar, recoger y pensar; luego regresa a su mesa de trabajo para redondear
ideas germinadas por la lectura de las calles, de las miserias
humanas, los conflictos y las formas de vida entre las personas.
Convoca a la imaginación de sus lecturas y reflexiona entre
tantas cosas observadas en aquello que unifica todo: el ser mismo, lo que *somos*. Durante su recorrido lee los signos que se le

revelan para descifrar e interpretar. Imágenes verbales que se ponen en marcha a partir de la necesidad de comprar un lápiz:

> Quizá nadie, nunca, haya sentido pasión hacia una mina de lápiz. Hay circunstancias, sin embargo, en las que puede resultar altamente deseable poseer una. Momentos en que nos disponemos a hacernos con un propósito, con una excusa para pasear por medio Londres entre el té y la cena. De la misma manera que el cazador del zorro caza para preservar la cría de zorros, y el golfista juega para preservar los espacios abiertos de la acción de los constructores, así cuando nos acomete el deseo de callejear, el lápiz sirve como pretexto, y al ponernos en pie decimos: '*Debo comprarme un lápiz*', *como si mediante esta excusa* pudiéramos dar rienda suelta al mayor placer de la vida urbana en invierno: dar una caminata por las calles de Londres. (2001:97, énfasis mío)

Es curioso como la escritora inglesa hace esa extraña asociación del *deber o de la necesidad* como excusa para salir de paseo. Una conexión muy ligada a la vida moderna, en el sentido de requerir de algo para justificar el esparcimiento; o de tener que esperar al fin de semana porque es cuando lo permite la vida laboral; y más aún está agudizada la idea se salir de casa porque hay algo que se quiere comprar. Insertos en esa vida consumista se suele ir en busca del objetivo sin fijarse en el trayecto, en el camino, porque como cada vez parece haber menos tiempo, se requiere llegar rápido, comprar y volver. Todo lo contrario al paseo que hace Woolf por las calles de Londres hasta llegar a la papelería para comprar el lápiz. Es entonces, cuando la idea del *deber* se irá diluyendo y transformando, justamente como hace con la analogía del cazador y del golfista, en una necesaria justificación de la búsqueda del lápiz para realizar el "deseo de callejear".

Una de las características de la vida moderna es precisamente la falta de tiempo, y por tanto de ya no concederle atención a la experiencia misma del paseo:

La experiencia es cada vez más rara por falta de tiempo. Todo lo que pasa, pasa demasiado aprisa, cada vez más deprisa. Y con ello se reduce a un estímulo fugaz e instantáneo que es sustituido inmediatamente por otro estímulo o por otra excitación igualmente fugaz y efímera. El acontecimiento se nos da en la forma del *shock*, del choque, del estímulo, de la sensación pura, en la forma de la vivencia instantánea, puntual y desconectada. (Larrosa, 2003:91)

Nada más alejado del caminar del Paseante, para quien la exterioridad no se manifiesta sólo como estímulo, choque, o mera sensación de vivencias desperdigadas, sino como una manera de recibir y estar expuestos a la realidad, abiertos a sus diversas manifestaciones, a su fugacidad y a su permanencia; donde el que mira se disuelve en lo observado para hacerse parte de lo que ve y ser capaz de experimentar también lo que ya no está. Apropiarse del espacio no para poseerlo sino para transformarlo en escritura. El Paseante se alimenta así de signos para leer, signos con los que se conforma una mirada crítica que se plasma en el ensayo. Entre lo fantasmático y el extrañamiento de la realidad y de sí mismo, el Paseante se adentra en el lado inverso de las cosas para tener otra perspectiva y ver el cuadro completo. Si bien se detiene en el movimiento familiar de una ciudad como Londres, en su andar se develan las historias de los tullidos o los ciegos, de los que hacen fuelles de acordeón o forran botones, de lo que se ganan la vida y siempre estarán ahí "traficando con tazas sin platos, manillas de paraguas de porcelana e imágenes muy coloreadas de santos martirizados." (Woolf, 2001:102). Imágenes de las miserias que pueblan las calles: "un judío barbudo, salvaje, muerto de hambre"; el "cuerpo giboso de una anciana que yace en el escalón de un edificio público cubierta con una capa, como una manta que se arroja apresuradamente sobre un caballo o un burro muerto"; "ancianas tumbadas en escalones, hombres ciegos, enanos que cojean".

Imágenes visuales que se encarnan en la palabra, la metáfora, la abstracción, conteniendo en ellas extensiones de tiempo y espacio, comprimidas y expandidas fuera de toda sincronía, de toda observación secuencial. Es el "método ametódico" del Paseante, que también Virginia Woolf pone en práctica para vivir y percibir el mundo. En la perspectiva de lo que recoge, como si de desechos se tratara, desciende a la más profunda cotidianeidad y se eleva al mayor arrebato de su espíritu; y mientras camina sigue pensando en la tiranía que le impone la fuerza del deber:

> Pero ahora hemos llegado a *Strand*, y mientras vacilamos en el bordillo, una pequeña vara del tamaño de nuestro dedo comienza a establecer su compás a través de la velocidad y la abundancia de la vida. '*La verdad es que debo...*; la verdad es que debo...' Así son las cosas. *Sin investigar la demanda, la mente se encoge ante el habitual tirano. Uno siempre debe hacer esto o aquello*; *no está permitido que sencillamente disfrutemos*. ¿No era por esta razón que, hace un tiempo, fabricamos la excusa e inventamos la necesidad de comprar algo? [...] Extendida *tras la vara del deber* vemos el Támesis, sombrío y tranquilo, en toda su anchura. Y vemos a través de la mirada de alguien que se apoya en el *Embankment* en un atardecer de verano, sin ninguna carga en el mundo. *Olvidemos comprar un lápiz, vayamos en busca de esta persona..., y pronto resulta que esta persona somos nosotros mismos.* (2001:107-108, énfasis mío)

Ahora la escritora inglesa apela al olvido de lo que necesita, se rebela a la imposición, deja de lado ese *deber* por el cual salió de casa y se compenetra con la historia de esta o aquella persona, y en esa indagación llega a saber que no es al *otro* a quien se busca sino a "nosotros mismos"; pero es un Yo que se disuelve en lo Otro, que se transforma, como escribió Walser: "Aquello que entendemos y amamos nos entiende y nos ama también. Yo ya no era yo, era otro, y precisamente por eso otra vez yo." (2009:59). La mirada del Paseante va moldeando y dando forma a su intimidad, retomando todo aquello que se encuentra y, por ello, abierta a la experiencia. El sujeto se expone, sale fuera de sí, pero al mismo tiempo regresa, se repliega y, en ese movimiento, el Paseante se va reconociendo como *otro*, al tiempo que se sabe *sí mismo*. Para saber necesitamos imaginar y quizá, del mismo modo, alterar los límites, como se hace en una novela o en un ensayo, para saber de los otros que se convierten en nosotros, para imaginar los mundos posibles o las posibilidades del mundo. Quizá para el ensayista y el novelista, como apunta el escritor turco Orhan Pamuk:

> la política es algo que *se origina en la imaginación*, en la capacidad que tiene el autor de una novela de *ponerse en el lugar del otro*. Esta capacidad le convierte no solo en el descubridor de unas realidades humanas que nunca antes habían sido enunciadas, sino también en el portavoz de los que no pueden alzar la voz, de aquellos cuya ira no es escuchada, de la palabra oprimida, de lo inexpresado. (2007:79, énfasis mío)

Pero en un mundo donde impera la información y predomina el valor de lo visto, la imaginación queda de lado; el proceso para invertir la realidad y percibir lo que hay del otro lado, simplemente se desecha por inútil. De ahí la necesidad de ese "guardián de las metamorfosis", como llama Canetti al escritor. Pues ¿quién se va tomar la molestia de recoger esas realidades, de retomarlas amorosa y desinteresadamente y ser capaz de detenerse y escuchar; de estar expuestos al arrebato, al deslumbramiento, a la confusión y al caos de lo que está fuera? ¿Quién?, sino el Paseante que, con su oficio, va rescatando, salvando de la muerte lo que se queda en la invisibilidad, en el silencio, en el olvido:

> ¿Quién se molestaría –escribe Ian McEwan en su novela *Expiación*– en describir algún día aquella confusión, y en averiguar los nombres del pueblo y las fechas para los libros de historia? ¿Y en adoptar el criterio razonable y empezar a repartir culpas? Nadie llegaría a saber nunca lo que era estar

allí. Sin los detalles no podría haber un cuadro más amplio.
(2002:267)

Explicitar los detalles, estar ahí, percibir el gesto, ésa parece ser la tarea del Paseante: hacer visible lo que sólo se ve con el paso a paso; capturar la esencia de las cosas; penetrar en la mente y la existencia para mostrar la acción; hacer de la crítica un acto creativo y de la creación un ejercicio crítico. Mostrar, a fin de cuentas, los detalles, para que al final se vea la imagen completa. Como escribe Walter Benjamin no se trata de explicar sino de mostrar, de regresar nuevamente al lugar de los hechos y detenerse a recoger la historia, la vida que ahí se quedó. Como cuando después de la catástrofe de algún fenómeno natural, los afectados regresan a casa, para encontrar en muchos casos el montón de escombros y tener poco a poco que reconstruir lo que alguna vez fue, o darle otra forma. Finalmente, se recogen pedazos, fragmentos, restos que se despliegan como pequeños signos que recuerden lo que alguna vez fue, y no para quedarse detenido en lo ya sido, sino para proyectar desde los restos lo que puede ser. Descubridor y portavoz, el Paseante ensaya la realidad para que en el momento de escribirla se le revierta, transformada en un mundo otro, en *lo otro* del mundo.

Cuando la geografía del paisaje se plasma en la interioridad del Paseante, el caminar deja de ser sólo esparcimiento para convertirse en algo "habitual": "Se ha convertido en un hábito para mí pasear las tardes en solitarias caminatas. He atravesado así una gran extensión del campo colindante, y el mapa de la tierra acaba por solidificarse en mi cerebro." (Woolf, 2001:31). Para Woolf esa geografía creada en su cerebro es el espacio *invertido* de la realidad que, quizá, en nada se parece al que recorre y, sin embargo, es a partir de esa visión de la realidad, la que la obliga a crear otra, rebelándose a ese *deber ser* y a la *prisa* que llevan los habitantes de esas calles que camina:

La tierra de un escritor es un territorio dentro de la mente de éste, y *corremos el riesgo de desilusionarnos si intentamos convertir a semejantes ciudades fantasma en ladrillo y cemento tangibles*. Conocemos nuestro camino allí sin necesidad de rótulos ni policías, y podemos saludar a los transeúntes aun cuando nadie nos los presente. En verdad, ninguna ciudad es tan real como ésta, *la que nos hacemos por cuenta propia* y para la gente que nos gusta. Insistir en que tiene un equivalente en las ciudades terrenales es robarle la mitad de su encanto. De la misma manera que todos los grandes muertos se nos aparecen en su propio disfraz, y su imagen es más palpable y perdurable que cualquier forma de carne y hueso. (2001:83, énfasis mío)

La ciudad imaginaria, entonces, no para reproducirla sino para hacer más perdurable, palpable y cercana esa realidad fantasmática, esa "ciudad invertida", que no tiene equivalencia con lo visto y conocido, pues pensar en ello, como escribe Woolf, sería "robarles la mitad de su encanto". Lo mismo sucedería con las ciudades imaginarias de las que habla Ítalo Calvino en su libro *Las ciudades invisibles*, y les buscáramos formas reales. Por ello Kublai Kan interpela a Marco Polo y le reclama:

Tus ciudades no existen. Quizá no han existido nunca. Con seguridad no existirán más ¿Por qué te solazas en fábulas consoladoras? Bien sé que mi *imperio se pudre como un cadáver en el pantano*, cuya pestilencia infecta tanto a los cuervos que lo picotean como al bambú que crece fertilizado por su miasma. ¿Por qué no me hablas de eso? ¿Por qué mientes al emperador de los tártaros, extranjero?

Marco Polo le contesta:

Sí el *imperio está enfermo* y, lo que es peor, *trata de acostumbrarse a sus llagas*. El fin de mis exploraciones es este: *escrutando las huellas de felicidad* que todavía se entrevén, *mido su penuria*. Si quieres saber cuánta oscuridad tienes alrededor, *has de aguzar la mirada para ver las débiles luces lejanas*.

Y el Gran Kan le reprocha:

> ¿Por qué tus impresiones de viaje se detienen en las engaño-
> sas apariencias y no captan este proceso incontenible? *¿Por
> qué induces a melancolías inesenciales?*

Pero con la sabiduría del viajero, el Marco Polo melancólico le responde:

> Mientras a una orden tuya, *sir*, la ciudad una y última alza
> sus muros sin mácula, *yo recojo las cenizas de las otras ciudades
> posibles* que desaparecen para cederle lugar y no podrán ser
> reconstruidas ni recordadas más. Sólo si conoces *el residuo
> de infelicidad* que ninguna piedra preciosa llegará a resarcir,
> podrás calcular el número exacto de quilates a que debe ten-
> der el diamante final, y no errarás los cálculos de tu proyecto
> desde el principio. (Calvino, 2012:29-30, énfasis mío)

En efecto, esas "ciudades posibles" que crea el escritor parecen vitales en la tarea del Paseante; espacios que, en su recorrido, lo acompañan como una forma de levantar la mirada a
la lejanía, y percibir, en ello, también las huellas de "felicidad"
que todavía se entrevén, y los residuos de penuria convertidos
en ruinas y cenizas. Ver lo que a la distancia se ha perdido,
calcular los residuos, las ruinas que ha dejado la infelicidad y
el dolor humano para reconstruir, entonces, con ese material
—pensando, excavando, rumiando, hurgando a partir del recorrido y la escritura— la ciudad que se erige en el interior del
Paseante. Rescatar lo insignificante, lo minúsculo, lo que poco
se mira, lo que se ha quedado olvidado y enterrado por capas
y capas de tiempo, de historia, de piedras y escombros: un pa-
limpsesto en el que se convierte todo espacio, y con la mirada
fantasmática del Paseante se ensayan otras formas posibles que
renacen a la luz de su relato.

Pero ¿cómo seguir el rastro de lo que ya no está, o de lo que
ha quedado como ruina y ceniza? ¿Cómo reconstruir el espacio
destruido, olvidado cuando un lugar está reducido a escom-

bros, o al caos que genera, a quién le va a importar? Quizá a quien con la mirada melancólica recoge la infelicidad, no para regodearse con ella, sino para conocer las formas humanas. Formas esenciales para el quehacer crítico y creativo, y que nos remiten a lo que "sólo puede surgir del riguroso intercambio entre acción y escritura" (Benjamin, 1987:15); eso, a lo que Benjamin llamaba "eficacia literaria". "Eficacia" regida por la percepción, matizada por la observación, por la recuperación del ser y de su entorno, de lo que se percibe desde la errancia de los márgenes; ejercicio propicio para la intervención en los espacios y, desde ahí, reconstruirlos para empezar a habitarlos, a mirarlos desde otro lugar.

Mirada que, al convertirse en escritura, repara en lo más ínfimo y nimio, pero en ello recupera la extrañeza, la perturbación del sentido, como cuenta Virginia Woolf en sus *Diarios*:

> Casi todo me atrae. Sin embargo, se alberga en mí algún buscador infatigable. ¿Por qué no hay un descubrimiento de la vida? Algo para ponerle las manos encima y exclamar: "*¿Es esto?*" Mi depresión es un sentirme acosada. Estoy buscando: pero no, no es eso… no es eso. ¿Qué es entonces? ¿Tendré que morir sin haberlo encontrado? Y luego (como anoche, cuando atravesaba *Russell Square*) veo las montañas en el cielo: las grandes nubes; y la luna que se está alzando sobre Persia; tengo una grande, sorprendente impresión de *que hay algo allí, que es "eso"*. No es exactamente la belleza a lo que me refiero. Quiero decir que *la cosa en sí basta*: es satisfactoria; acabada. También *una impresión de mi propia rareza*, de la rareza de estar caminando sobre la tierra. También está ahí, *la infinita extrañeza de la posición humana*; estar atravesando *Russell Square*, con la luna allí arriba y las nubes como montañas. *quién soy yo, qué soy*, y todo el resto; preguntas que siempre flotan en torno: *y de pronto doy de narices con algún hecho concreto* —una carta, alguien— y vuelvo a ellos con un gran sentimiento de frescura. Y así continúa. Suelo toparme frecuentemente con *"eso"*, y experimento entonces un gran reposo.(2003:115, énfasis mío)

Pero ¿qué es "eso"?, qué es la "infinita extrañeza de la posición humana" sino lo que está en la cosa misma, lo que motiva a seguir buscando, por eso "la cosa en sí basta: es satisfactoria", cuando se pueden leer ahí un sinnúmero de sentidos; "eso" con lo que "de pronto doy de narices", y la escritora inglesa lo convierte en el centro de su relato: "quién soy yo, qué soy". El paseo solitario es lo que da sustento y reconocimiento del ser, de sus sufrimientos y miserias, pero también de sus esplendores y bellezas. Por ello sugiere: "Tardemos un poco más, contentémonos sólo con lo superficial" (2001:100), con lo que ahí aparece sin juzgarlo sino quizá dejando al ojo posarse en lo que va encontrando en su camino: "porque el ojo tiene esta extraña propiedad: sólo se posa sobre la belleza, como una mariposa busca el color y disfruta del calor." (2001:100). Pero el Paseante es también el que, con su percepción y búsqueda de la extrañeza en lo familiar y cotidiano, en la superficie de las cosas, se posa y se detiene también a

cavar en lo más hondo de lo que la mirada aprueba, estamos dificultando nuestro paso por la suave corriente a fuerza de atrapar cierta rama o raíz. En cualquier momento, el dormido ejército puede removerse y despertar en mil violines y trompetas a modo de respuesta; el ejército de seres humanos puede moverse e imponer todas sus rarezas y sufrimientos y miserias. (2001:100)

En su mirada, abierta al mundo, se le impone todo lo que está ahí, y puede ver lo más profundo en la superficie: las rarezas, los sufrimientos, las miserias, "eso" que forma parte de ese gran ejército de seres humanos, a veces dormidos, a veces demasiado ocupados, distraídos para percibir su propio infierno, porque como nos recuerda Marco Polo al final de las *Ciudades invisibles*:

El infierno de los vivos no es algo que será; hay uno, es aquel que existe ya aquí, el infierno que habitamos todos los días, que formamos estando juntos. Dos maneras hay de no sufrirlo. La primera es fácil para muchos: aceptar el infierno y volverse parte de él hasta el punto de no verlo más. La segunda es peligrosa y *exige atención y aprendizaje continuos: buscar y reconoce*r quién y qué, en medio del infierno, no es infierno, y hacerlo durar, y darle espacio. (Calvino, 2012:170, énfasis mío)

La atención y el aprendizaje continuos se requieren para reconocer lo que no es infierno, aun en medio de éste, y reconstruir con ello la forma de lo humano. Escritura que supone una cierta manera de preguntarse por el ser de las cosas y conformar la mirada del Paseante como crítica de lo visible, pero también como visión fantasmática que proyecta lo que, a partir de esos espacios, es posible imaginar, pensar, seguir creando; quizá, esos "paisajes predilectos" de los que hablaba Roland Barthes, para hacerlos durar y darles espacio en el ensayo, en la voz del Paseante.

En su recorrido por las calles de Londres, Virginia Woolf actúa a la manera de una novelista que, en su encuentro con otros, crea personajes y les construye una historia:

Andando a casa a través de la desolación *uno podía contar la historia de la enana, de los hombres ciegos, de la fiesta en la mansión de Mayfair, de la pelea en la papelería.* En cada una de estas vidas era posible avanzar en un pequeño camino, lo bastante lejos para hacernos la ilusión de que no estamos atados a una sola mente, sino que brevemente podemos adaptarnos a los cuerpos y mentes de los otros. *Una podía convertirse en una lavandera, en la patrona de un pub, en una cantante callejera.* ¿Y qué hay más delicioso y maravilloso que abandonar las rígidas líneas de la personalidad y desviarse por esos senderos que conducen, entre zarzas y gruesos troncos, al corazón del bosque donde viven esas bestias salvajes, nuestro prójimo? (2001:110)

Adaptarse a los otros, a lo otro de la realidad, es quizá la manera en que el Paseante se involucra con lo que lo rodea; la forma en la que interviene en la vida que lo asalta, que de golpe lo abruma o lo abraza; así, se abandona a lo desconocido, al riesgo. Se desvía y se pierde en ese misterioso "bosque" donde habitan esas "bestias salvajes" en las que cualquiera de nosotros se puede convertir. Sin embargo, la escritora las reconoce, las recoge para trazar destinos, ideas, imágenes; "para fabricar la vida" y esbozar con ella los mapas de la geografía humana. Recorrer la ciudad, el espacio y el tiempo, en "el esplendor y la miseria de las calles", como lo experimentaba ella misma, y lo que suponía emprender las habituales caminatas por Londres, o por la ciudad ésta o aquélla; pero siempre pensando en regresar para encontrarse en el umbral de lo íntimo, y reconfortarse con "las viejas posesiones, los viejos prejuicios, que nos rodean; y el yo, que se ha esparcido por tantos rincones" (2001:98) de la casa o de la ciudad, finalmente, un yo desperdigado por los caminos que, en el Paseo, va en busca también de sí mismo. Porque ¿quién es ese "yo"?:

> ¿Es el auténtico yo éste que se planta en la acera en enero, o el que se asoma por el balcón en junio? ¿Estoy aquí o allí? "¿O el auténtico yo no es ni éste ni aquel, ni aquí ni allí, sino algo *tan diverso y errabundo* que sólo cuando damos rienda suelta a sus deseos y lo dejamos hacer la suya sin impedimentos somos de verdad nosotros mismos? Las circunstancias empujan a la unidad; por conveniencia un hombre debe ser un todo. (2001:104, énfasis mío)

En el trabajo de construcción de las vidas de los otros, la novelista se construye a sí misma en la búsqueda, el recorrido, el asombro, la pregunta y el deseo incesante de hacer de la escritura un todo: exterioridad e interioridad, el yo y el mundo, la acción y la palabra que la nombra. En suma, hacer del paseo un "acto esencialmente poético", como dijera el escritor francés Edmond Jaloux. Característica esencial del caminar de estos escritores Paseantes, para quienes la calle se les convierte en extensión de su propia casa, y provoca, quizá, lo que ya los surrealistas habían anticipado con la fotografía: "un saludable extrañamiento entre el hombre y su entorno." (Cadava,2006:45). Posar así la atención en lo conocido y familiar para despertar la propia extrañeza de las cosas ¿más que dos actos distintos, no será acaso la justa manera de la percepción literaria, de la mirada poética del ensayista? La perplejidad de la mirada del Paseante se detiene en lo que se acaba, en la conciencia de la finitud de las cosas, de las existencias; pero también se posa en aquello que le significa ansia de infinito, deseo por perdurar para convertirse en escritura. Virginia Woolf sigue su recorrido abriendo el relato que se encuentran aquí o allá, en las personas o las cosas, en los espacios y los tiempos, en el esplendor o la miseria de las calles, en sí misma. Antes de salir, en la soledad de su habitación, percibe, en los objetos que la rodean, una historia que, a lo largo de su vida, ha formado parte de su carácter y su expresión: la fuerza de "los recuerdos de nuestra experiencia personal". Sin embargo, cuando

> la puerta se cierra detrás de nosotros, todo aquello se desvanece. Esa especie de caparazón que nuestra alma ha segregado para cobijarse, para hacer por sí misma una forma que la distinga de las otras, se rompe, y de todas esas arrugas y rugosidades queda una ostra central de percepción, *un enorme ojo*. ¡Qué hermosa es una calle en invierno! *Se revela y se oscurece al mismo tiempo.* (Woolf, 2001:99, énfasis mío)

En esa errancia se funda una "poética del paseo", una íntima geografía en donde algo se revela y se oscurece al mismo tiempo; se deja ver y vuelve a cubrirse con el velo de lo que acontece, y, en su discurrir, el ojo, "enorme", invierte lo visto para pensar de nueva cuenta lo vivido, para rescatar lo que se ha perdido, y recordar con todo ello, la voz íntima del que narra. Andar por la superficie para ahondar en la profundidad de la escritura, sosteniendo desde ahí las metamorfosis de los espacios y los tiempos; quizá porque en esas transformaciones de lo que acontece, existe algo que no debiéramos haber perdido o está todavía algo por revelarse, como pensaba Borges: "la música, los estados de felicidad, la mitología, las caras trabajadas por el tiempo, ciertos crepúsculos y ciertos lugares, quieren decirnos algo, o algo dijeron que no hubiéramos debido perder, o están por decir algo." (1974:635). Por ello nos sugería estar atentos a la realidad, porque es ahí donde vivimos, de ahí resurge lo que somos, y ahí permanece lo que ya otros han vivido y pensado. Y, sin embargo, parece responder Virginia Woolf,

> a fin de cuentas, *sólo nos deslizamos suavemente sobre la superficie. El ojo no es un minero, ni un submarinista, ni un buscador de un tesoro enterrado.* Nos hace flotar mansamente, descansando, haciendo una pausa, durante la cual la mente quizá duerme mientras mira. (Woolf, 2001:99, énfasis mío)

La realidad parece desdibujarse, manifestarse, revelarse desde la superficie por la cual nos deslizamos. Ahí está, con ella basta para ahondar, sí, como buscadores de tesoros, y estar alerta a lo que nos dice, o hacer una pausa y descansar mientras se mira. Se requiere, entonces, de la categoría de lo "fantasmático", signo ambiguo de ocultamiento y despliegue que perturba e invierte el sentido de la mirada. Se trata, entonces, de la peculiar relación entre exterioridad e interioridad; y la escritura del Paseante se convierte en eco de esa experiencia. Como un desplazamiento donde la errancia funda una poética del paseo para revelar una geografía incierta que se ensaya en lo narrado. En sus diarios, Virginia Woolf deja ver su pasión práctica habitual del paseo para escribir, pero también para adentrarse en la percepción de sus estados de ánimo:

> Aquí estamos, en *Rodmell* [...] Me siento deprimida, como si fuera vieja, y se acercara el fin de todas las cosas. Debe ser la consecuencia de haber dejado Londres y sus incesantes ocupaciones. [...] Pero esa leve depresión ¿qué es? Creo que podría curarla por el medio de cruzar el Canal, y no escribir ni media palabra en una semana. Quiero ver algo que

funcione activamente, *sin intervención mía*, por ejemplo, un pueblo francés con mercado. Y verdaderamente, si no me fallan las energías, iré a *Dieppe*; o, por lo menos, exploraré *Sussex* en autobús. [...] *Y si no viviéramos aventureramente, tirándole de las barbas al chivo salvaje y temblando al borde del precipicio, tengo la seguridad de que jamás experimentaríamos depresiones*; pero pronto quedaríamos macilentos, avejentados y resignados. (2003:90, énfasis mío)

Vivir al borde del precipicio, "aventureramente", refleja bien la aventura del Paseante: abierto a lo incierto y desconocido, atraído por los abismos de la existencia que, en el caso de Virginia Woolf, implicaba la posibilidad de caer en depresión, pero, aun así, estaba dispuesta a correr el riesgo y no resignarse al hábito de los días, sino recuperar la apertura a la existencia. La experiencia implica también experimentar, probar, sí, a partir de las cosas, pero en nosotros mismos, es decir, lo que *nos* acontece, lo que *nos* pasa, lo que *nos* llega, porque pasan muchas cosas afuera de *mí*, sin intervención nuestra, ciertamente, como nos los hace ver Virginia Woolf, pero es ahí justamente, en la intervención, donde actúa la mirada del Paseante para volcarse de algún modo en ese otro modo de experimentar: el ensayo.

Es ahí, en la experiencia de la escritura donde tiene lugar el paseo como acontecimiento, y quizá de ese acto dependa el que se dé la experiencia de lo acontecido para mejor habitarlo; para vivir en el peligro de la aventura; en la conmoción o en el "temblor"; en la atracción o en el vértigo, a veces, para seguir intentando, tentando las orillas, los límites, de lo que comienza o de lo que se acaba. Movimiento implícito del Paseante entre acción y reflexión para que surja la pregunta constante por el "¿quién soy?", o el "¿dónde estoy?", sin acabar por responderlas. Porque tal vez en ese paseo interminable, en el que se convierten sus vidas, el Paseante sigue ensayando una mirada atenta para esbozar quizá, al final, la visión del "cuadro completo". Buscando la unidad, como la que quería Virginia

Woolf, cuando escribía que "por conveniencia un hombre deber ser un todo", porque en esa imagen podía vislumbrar la completud de la condición humana.

Toda imagen es, en cierto modo, un relato, escribía Roland Barthes en su "Lección inaugural", al referirse al papel de la semiología, es decir no tomar lo real para tornarlo inteligible, sino agitarlo, invertirlo, deformarlo para volverlo a imaginar y problematizar la realidad desde la escritura que despliega la incertidumbre de los signos: "Jugar con el signo, como con un velo pintado o, mejor aún, como con una ficción." (2004:145).

Jugar con los signos de su espacio y tiempo, "atrapar palabras" y "fabricar una vida" *como si* de una ficción se tratara, es el trabajo del Paseante que, en su trayecto y con su escritura, va delineando el paisaje de ayer y del que vendrá con los ojos del mundo de hoy: "la mirada puede entonces posarse no sin perversidad sobre cosas antiguas y bellas cuyo significado es abstracto, caduco: momento a la vez decadente y profético, momento de dulce apocalipsis, momento histórico del goce mayor" (Barthes, 2004:146). Momentos cuyos signos despiertan otras maneras de mirar y leer, de ensayar.

Ensayo como escritura narrativa que recoge, imagina y anota lo que *le* pasa al Paseante para contar y experimentar, para pensar y sentir; al final del paseo Virginia Woolf retorna al mismo sitio:

> Aquí está otra vez la puerta habitual; aquí la silla, tal y como la dejamos, y el cuenco de porcelana y el redondel marrón en la alfombra. Y aquí —examinémoslo tiernamente, toquémoslo con reverencia— el único botín de guerra que hemos cobrado de todos los tesoros de la ciudad: una mina de lápiz. (2001:110)

Así, al final del día, la escritora, ensayista y paseante regresa a casa, después de salir a dar un paseo por las calles de Londres para buscar una mina de lápiz, preservando con todo ello el espacio de la escritura. Escritura interminable que conlleva

el deseo de seguir apuntando, notando, atrapando palabras y
frases en la incesante construcción de la vida.

SERGIO PITOL Y LA CONSTRUCCIÓN DE UNA VISIÓN

Sir, ahora te he hablado de todas las ciudades que conozco.
—Queda una de la que no hablas jamás.
Marco Polo inclinó la cabeza.
—Venecia— dijo el Kan.
Marco sonrío.
—¿Y de qué otra cosa crees que te hablaba? [...]—Cada vez
que describo una ciudad digo algo de Venecia. [...]—Las
imágenes de la memoria, una
vez fijadas por las palabras, se borran
—dijo Polo—. Quizás tengo miedo de perder a Venecia
toda de una vez, si hablo de ella. O quizás, hablando de
otras ciudades, la he ido perdiendo
poco a poco.

Italo Calvino

En su libro *El arte de la fuga*, en el primer capítulo "Todo está en todas las cosas", Sergio Pitol da cuenta de su recorrido por Venecia, cuando en aquel 1961 en su trayecto de Trieste a Roma, el escritor mexicano decidió bajarse en esa ciudad. Pero al bajar del tren se dio cuenta de que había extraviado sus anteojos. Su recorrido, entonces, estará marcado por su miopía, una especie de ceguera o de visión envuelta en tinieblas, lo que, de alguna forma, enmarcó la experiencia y, por tanto, el ensayo de Pitol y su paseo por esa ciudad de la que tanto se habla.

Lo interesante de esas tres primeras páginas de su libro, como el ensayo de un Paseante, es justamente reparar en la mirada de Pitol que, aunada a su caminar por la Ciudad, construye una "cierta" visión, con la que su miopía no le atenuó en ningún modo el "deslumbramiento" de aquella Venecia de la que se le

> escapaban los detalles, se desvanecían los contornos; por todas partes surgían ante mí inmensas manchas multicolores, brillos suntuosos, pátinas perfectas. Veía resplandores de oro viejo donde seguramente había descascaramientos en un muro. Todo estaba inmerso en la neblina como en las misteriosas *Vedute de Venezia*, coloreadas por Turner. (1996:12)

En efecto, la ciudad se le presenta a Pitol inmersa en una neblina en la que el lector también se ve sumergido; así como el paisaje del pintor inglés William Turner (1775-1851): cubierto de una especie de bruma. El mismo objeto se percibe, se interpreta, se deforma y, al final, lo que parece cubierto de neblina surge y se refleja de tan distintas formas como maneras hay de mirar. La ciudad, el paisaje se construye de nueva cuenta por el pintor, por el narrador, pero también por el espectador y el lector. Pensemos en ese pintor, Turner, que menciona Sergio Pitol que, a pesar de ser inglés, vivió mucho tiempo en Venecia, por ello encontramos en su obra tantas vistas o paisajes de esa Ciudad. Pero, en la mayoría de los casos, se reflejan paisajes venecianos nebulosos, donde lo que predomina es el claroscuro y las siluetas de su arquitectura. Ciertamente nos aproxima de otra manera a Venecia, a diferencia, por ejemplo, de otro gran pintor, como es Canaletto (1697-1768) que nos muestra una Venecia más nítida y clara, inserta en un tiempo y espacio muy definidos, con sus formas, su arquitectura, y las maneras de vivir, visiblemente delineadas, de aquella época. Paisajes matizados por la luz de las diferentes horas del día, y si bien en nada se parece a la Venecia de Turner, ambos sugieren la misma ciudad, bella y misteriosa que mucho se acerca a la que nos muestra Pitol en su imagen literaria. Aunque, como él mismo aclara, una imagen más parecida a la de Turner, pues se siente inmerso en su propia neblina, en lo incierto de su trayecto, en el tanteo de su paseo: "caminaba entre sombras. Veía y no veía, captaba fragmentos de una realidad mutable; la sensación de estar situado en una franja intermedia entre la luz y las tinieblas se acentuó más y más cuando una fina y trémula llovizna fue creando el claroscuro en el que me movía". (1996:12).

Si algo caracteriza justamente la narración de Pitol es esta imagen fantasmática que permea todo el texto a partir de su miopía, como si en ese deambular hubiera creado una atmósfera que capturaba mucho más de lo que alcanzaba a ver. Ensayo que traduce la experiencia del escritor de una Venecia imaginada y, al mismo tiempo, configurada desde su particular mirada. Formas o imágenes que reconstruyen el peso de la historia, de la vida cotidiana y la cultura, pero, sobre todo, de la mirada que trastoca y transforma el sentido de lo visible: ocultamiento, pero también despliegue de la significación de lo humano y del lenguaje. La mirada nebulosa de Sergio Pitol atenta contra el orden de la visibilidad: sin juzgar crea, retoca, da forma, y en su paso a paso va nombrando los encuentros con esa ciudad de la que tanto se habla, a veces sin nombrarla. Se mueve así en ese mundo fantasmático que lo impulsa dentro de sí mismo para reencontrar y descubrir otras venecias.

Se trata de lo que ya Pitol delineaba en su narrativa: las posibilidades de la realidad, la realidad abierta, en donde el sueño y lo literario conviven con la vigilia y lo real: "El sueño de lo real", lo llama él en su libro *Pasión por la trama*, y en ese ensayo nos cuenta como, a los 24 años, comenzó, alejado del mundanal ruido, a escribir. Alquiló una casa en Tepoztlán, cuando todavía era un pueblo pequeño, era el "retiro ideal. Pasé días espléndidos; hacía largas caminatas por el campo y, sobre todo, leía. (…) Por momentos parecía que la salud espiritual se aproximaba. Era como vivir en el Tíbet sin necesidad de sujetarse a disciplinas místicas. (…) Fue aquélla mi primera incursión activa en la literatura, mi salto a la escritura." Método que nunca abandonó: viajar, pasear, soñar, leer, y con todo ello, imaginar y mirar la realidad para escribir además de sus novelas y cuentos, ensayos marcados por el asombro, por los "encuentros increíbles que, en sus paseos y recorridos lo hacían descubrir el mundo".

La escritura del Paseante nos remite a la búsqueda incesante, insegura, al deseo de continuar los trayectos, aunque el camino termine; a la narración y construcción de metáforas no para reducir los significados o encontrar los "secretos últimos", pues eso de algún modo, como explica Roland Barthes, "sellaría los labios" y no habría más qué decir. Por el contrario, se trata de explorar las "condiciones simbólicas de la obra" y de lo humano, para sumergirse en la memoria de los espacios, en las huellas y los intersticios del entorno. La crítica tiene que ver con la percepción que "rodea" y continúa el camino en una infinita "perífrasis", "pues dígase lo que se diga de la obra, queda siempre, *como en su primer momento*, lenguaje, sujeto, ausencia." (Barthes, 2004:75); del mismo modo, el Paseante inaugura los lugares, las cosas, los rostros, y en su escritura ensayística todo aparece "como en su primer momento" y, sin embargo, la escritura tantea, se acerca, vislumbra, nombra.

La lectura de Pitol nos arroja a esa Venecia que, aunque tengamos referentes por pinturas, textos o por haberla visitado, nos instalamos también en el recorrido de ese "primer momento", que invita a volver a esa gran ciudad, y seguirla recorriendo entre la neblina para no perderla toda de una vez cuando se habla de ella, o cuando se fija nítidamente en las palabras. Pero también invita a que el Paseante y su lector, envueltos en la densidad de las palabras alcen la mirada más allá de ellas, más allá de lo literal, de la denotación y la descripción, puesto que las palabras no sólo son transacciones que sirven para comunicar, sino para sugerir, como dice Maurice Blanchot: "Una obra es 'eterna' no porque imponga un sentido único a hombres diferentes, sino porque sugiere sentidos diferentes a un hombre único" (1992:45).

El Paseante y ensayista oscila entre dos lenguajes, expresivo el uno, crítico el otro. Sin duda, la escritura de Sergio Pitol provoca ambos lenguajes, distorsionados quizá por la mirada miope, pero aferrados a una narración que le constituye sentido a lo visto, a lo vivido. Lenguaje que transfigura la ciudad real, la que se desprende, ciertamente, de su recorrido, pero también de su imaginación literaria para tejer la trama, soñar la realidad, construir una visión.

Como escribe Italo Calvino:

> son diversos los elementos que concurren a formar la parte visual de la imaginación literaria: la observación directa del mundo real, la transfiguración fantasmal y onírica, el mundo figurativo transmitido por la cultura en sus diversos niveles, y un proceso de abstracción, condensación e interiorización de la experiencia sensible, de importancia decisiva tanto para la visualización como para la verbalización del pensamiento. (2005:101)

Componentes también que revelan de algún modo el método ametódico del Paseante; con el que va construyendo su propia experiencia para ver y narrar lo que *le pasa*. Escritura narrativa y mirada inquisitiva, es decir el ensayo que procesa la realidad para aprehenderla como imagen expresiva, para trastocarla y transformarla en experiencia crítica y sensible. El trayecto del Paseante se convierte en travesía y apertura a la realidad para recoger y hacer de todo ello materia narrable: lo que puede ser transmitido y abierto al extrañamiento, al peligro que conlleva la existencia, en un despliegue incesante por su sentido. Este particular modo de escritura crea una atmósfera que nos involucra en el drama de la condición humana a partir de pequeñas e insignificantes cosas. En esa constelación de imágenes, sonidos, gestos, ideas, sueños conviven la miseria y la belleza: la conmoción de la experiencia humana que, al penetrar en sus recovecos y bifurcaciones, el lector no puede sino sentir también desasosiego y perplejidad. En efecto, la particularidad de que Sergio Pitol no llevara sus gafas y observara todo desde su miopía, hacen que, justamente, en su narración se convoque la unión entre ausencias y presencias, y el ensayo penetre en esos claroscuros como metáforas de la experiencia del Paseante.

Después de tomar algo en el famoso *Café Florian* de la plaza de *San Marco*, empezó su recorrido. En su caminata se daba cuenta de que, paradójicamente, su felicidad crecía en la medida en que la "niebla me velaba aún más la visión de palacios, plazas y puentes." Su entusiasmo aumentaba más allá de lo que veía, aun con lo que se deformaba y se sustraía a su mirada. Caminó tanto que todavía después de mucho tiempo le quedaba la impresión de que en la experiencia de "aquel día incorporó una inmensa multitud de días". Experiencia cuya visión del mundo no se queda solamente en la captación de los colores y formas de las cosas, sino que la percepción actúa, como la música, en el estado de ánimo, estimulando del mismo modo al pensamiento y a la memoria; en gran medida como pasa con la obra de un artista.

De alguna manera su miopía lo aleja de la concepción natural de las cosas, pero le da la posibilidad de forjar otra mirada para que, desde el margen de esa ciudad, tan recorrida y admirada, nos devuelva más allá de la visibilidad de las cosas, la experiencia de su memoria y, al mismo tiempo, del umbral en el que se le revelaban otras colores, tonos y formas. A Partir de los matices venecianos: ocres, rojos, verdes, dorados, Pitol evocaba las palabras de Bernard Berenson: "El mayor regalo que nos han dado los venecianos es el color". Y si bien ese color era la fuente de placer de sus ojos maltrechos, se daba cuenta de que ello, estimulaba como sugería literalmente Berenson: "la mente, la imaginación y la memoria de modo extraordinario".

A ¿qué se debe ese estímulo? ¿Es el espacio que la inspira? o ¿es el sujeto de la experiencia de quien depende que se tenga tal o cual impresión de la exterioridad? Probablemente podamos hacer un rodeo a estas preguntas a partir de la recreación de la otra Venecia que Pitol capta con su miopía, como si con ella la deformara o la transformara, como hace también el pensamiento, la memoria o la imaginación en la escritura, con la que se puede aprehender y crear una geografía interior para dar rumbo a la propia visión. Para crear otras señales que den cuenta de una realidad que no se alcanza a ver, mucho menos a entender, y el estar frente a ella, entonces, es apenas una mera aproximación que requiere verla desde otras perspectivas. El Paseante la retoma como parte de su propia experiencia, y así la muestra Pitol:

> La primera vez, repito, vi la ciudad a ciegas, se me aparecía en fragmentos, surgía y desaparecía, me mostraba proporciones incorrectas y colores alterados. *El espectáculo fue real y maravilloso al mismo tiempo.* Con los años he rectificado esa visión, cada vez más portentosa, cada vez más irreal. De algún modo mi viaje por el mundo, mi vida entera ha tenido ese mismo carácter. Con o sin lentes nunca he alcanzado sino *vislumbres, aproximaciones, balbuceos en busca de sentido* en la delgada zona que se *extiende entre la luz y las tinieblas.* (Pitol,1996:24, énfasis mío)

Todo es susceptible de hacerse parte de la experiencia narrativa. Experiencia que muestra una manera de leer el espacio para reconocer-se en ese lugar, para tener una aproximación a las cosas, y sentir, apenas, el balbuceo de aquello que no termina por nombrarse; es también la experiencia que permite el claroscuro, lo que se parece más a una aproximación, al vislumbre, a la duda y a la búsqueda, pero jamás a la verdad absoluta, a la certeza y conclusión. La parte invertida, el otro lado de la visibilidad del espacio es la experiencia que nos devuelve la escritura del Paseante, esa experiencia que se mueve entre la luz y las sombras, en una zona insegura, oscilante, incierta, reservada. Finalmente, un claroscuro que se convierte en la esencia de la existencia del ser humano, en su relación consigo mismo y con los otros, como el incesante proceso creativo de la existencia del escritor Paseante.

Sumergido en esa miopía, Pitol recorre la Ciudad, sube al *vaporetto* y desde ahí observa las fachadas a lo largo del Gran Canal; ahí se percibe como si estuviera a punto "de estar a un paso de la meta, de haber viajado durante años para trasponer el umbral, sin lograr descifrar en qué consistiría esa meta y qué umbral había que trasponer. ¿Moriría en Venecia? ¿Surgiría algo que lograra transformar en un momento mi destino? ¿Renacería, acaso, en Venecia?" (1996:11). Umbral fantasmático que lo lleva más allá de sí mismo y que duraría hasta que llegara su muerte.

Una ciudad tan "visitable", pero que Pitol la "habita" desde una narración que le descubre imágenes que apuntan a la creación de instantes tan fugitivos como eternos. Pero ¿qué es lo que despierta esa visión? ¿Quizá el despliegue de una ciudad edificada para ser caminada?, o ¿la percepción del Paseante que la hace contemporánea de otros tiempos, de otras experiencias y personajes? Los cruces por las calles, el deambular por los callejones, la *Galleria*, los cafés, evocaban en el autor incesantes referencias bibliográficas y encuentros con figuras que todavía habitaban, de algún modo, aquella ciudad: Tiziano, Bellini, Tintoretto, Veronese, Byron, Palladio, Hofmannsthal, Henry James, Wagner, o el entrañable Gustav von Aschenbach personaje de la novela *Muerte en Venecia* que, como Pitol, buscaba, frente a aquel escenario, la belleza, la inspiración:

> Vi palacios por docenas, y también iglesias, claustros, puentes. Vi torres, almenas y balcones. Vi ojivas y columnas, vi caballos de bronce y leones de mármol. Oí hablar italiano y alemán y francés en torno mío, y también el dialecto véneto, salpicado de viejos vocablos españoles, que alguna vez debieron hablar en esas mismas callejuelas mis antepasados. (1996:14)

Una ciudad que invita a perderse y, por ello, a recorrerse a la manera de un laberinto, en el que el Paseante parece siempre tomar caminos diferentes para llegar al mismo sitio: quizá al "centro" de su propio laberinto, lo que da sostén y ubicación, aun en la visión incierta y en el camino nebuloso de su paso. Una ciudad que ha servido como escenario para el desarrollo de algunas narraciones, y otras, donde es claramente el personaje principal. Ciudad de la que mucho se ha hablado y quizá por ello, como sugiere Marco Polo en el epígrafe, de la que mucho se ha ido perdiendo y, no obstante, ahí queda todavía inaprensible, invisible para seguirla buscando y hablando de ella, como hace Sergio Pitol. Ciudad envuelta en un halo de misterio, espacio donde convergen distintos tiempos para llegar al centro: la escritura del ensayo.

En su relato se hace evidente concebir la escritura como acción para "crear condiciones bajo las cuales un objeto se haga de nuevo visible", y es ahí, escribe Adorno en "El ensayo como forma", citando a Max Bense, donde se pone a prueba el "ensayar la fragilidad de los objetos" (2003:29). Pero también donde se posa nuevamente la mirada del Paseante para experimentar ligeras variaciones que abren a nuevas significaciones y siguen dando qué pensar. Por ello es inevitable seguir errando, buscando, como perdidos en ese laberinto trazado también por la memoria y la imaginación del escritor Paseante: "Venecia ha sido un escenario frecuente en mi literatura. Se trata de una Venecia imaginada como la de Hofmannsthal, una Venecia ideal, que me produce la certidumbre de la unidad biológica del hombre con todo lo que lo circunda y su fusión mística con el pasado." (Pitol,1996:28).

El Paseante narra o muestra lo que está a su paso, al tiempo que percibe una correspondencia con su propia experiencia, en una intimidad sin edad, fragmentaria y enigmática; a partir de una acumulación de signos, edifica una determinada imagen para ahondar también en sí mismo. La mirada del Paseante recoge lo que va encontrando en su camino —a la manera de un pepenador o coleccionista, no tanto por el valor de la cosa, sino, contrariamente, por su aparente "inutilidad"— y recobra con ello una realidad *invertida*, es decir aquella que requiere del tiempo, de la travesía y la experiencia que la vida moderna va olvidando cada vez más. El ensayo percibe la realidad desde el ojo literario y busca alternativas a una escritura que, a veces, se concibe, como explica Adorno, asfixiada o triturada

> entre una ciencia organizada en la que todos pretenden controlar todo y a todos y que excluye con el hipócrita elogio de intuitivo o estimulante lo que no está cortado por el patrón del consenso; y una filosofía que se conforma con el vacío y abstracto resto de lo todavía no ocupado por la actividad científica y que, por eso mismo es para ella objeto de una actividad de segundo grado. Pero el ensayo se ocupa de lo que hay de ciego en sus objetos. (2003:33)

En el paseo, el escritor atraviesa el umbral de lo que hay de "ciego en los objetos", de las diferentes realidades con las que va conformando su propia visión, cuya mirada "miope" devela la extrañeza de lo evidente en la experiencia fantasmática. Esa experiencia le devuelve, de algún modo, a Sergio Pitol la visión de sí mismo y la fascinación, al percibir que "todos los tiempos son en el fondo un tiempo único. Venecia comprende y está comprendida en todas las ciudades (...) Cada uno de nosotros es todos los hombres." (1996:29).

En ese trayecto, la ciudad no sólo se visita como un lugar turístico sino se "habita" *como si* ya se hubiese estado ahí o se tuviese que regresar; como si ya se conociera algo y al mismo tiempo se estuviera descubriendo; como si desde la realidad misma de las cosas se revelaran otras posibilidades. ¿Y no tendría que ser eso la literatura?

Escribir requiere clandestinidad, es una "especie de gran recurso, sentimiento de que uno no se siente bien en ninguna parte. ¿La escritura sería entonces mi única *patria*? (...) Novela: práctica para luchar contra la sequedad del corazón, la acedia" (Barthes, 2005:50), "hagamos *como si* tuviéramos que escribir una." (2005:459); como si se leyera y escribiera constantemente "el libro de la vida: Novela, ensayo, o nada más que el placer de anotar." (2005:140). Anotar, la técnica de la notación, de la *Notatio* de la que nos habla Barthes y que, seguramente, es la práctica de cualquier escritor. "La *Notatio* es, pues, una actividad exterior: no en mi mesa sino en la calle, en el café, con amigos..." (Barthes,2005:141). Sergio Pitol recoge, recuerda y anota el trayecto sin rumbo fijo, y con su mirar miope nota lo que está a cada paso, en el callejón o al sentarse en una banca o en un café, luego anota, señala, vislumbra y crea, con su ensayo, su vida.

Como parte de ese "método ametódico" del Paseante, la notación requiere de "una condición: tener tiempo, mucho tiempo", darse el tiempo, construir y ser dueño de su tiempo; pues "la experiencia muestra que para tener 'ideas' hay que estar disponible", y el paseo abre de alguna manera al escritor a la disponibilidad de las ideas. Como si hubiera un acuerdo instantáneo entre lo visto, lo pensado y lo escrito: "veo, siento, luego noto, miro y pienso" (Barthes,2005:52), para seguir anotando, recogiendo en la visibilidad de las cosas la síntesis, la condensación entre experiencia y realidad.

Venecia es una ciudad que sin el caminar, sin el paseo o el trayecto, simplemente no existiría. El recorrido por esa ciudad sirve como metáfora del movimiento del Paseante; el paso a paso, la pérdida del transeúnte, la parada obligada en algún café, galería, museo, puente, iglesia, en la orilla de los canales, en la banqueta; hacer una pausa y seguir el camino sin un objetivo determinado y sin prisa. De ahí que haya muchas venecias escritas por esos paseantes literarios que sabían la importancia de recorrer un lugar y de saber perderse a la manera benjaminiana:

> importa poco no saber orientarse en una ciudad. *Perderse,* en cambio, en una ciudad como quien se pierde en el bosque, *requiere aprendizaje.* Los rótulos de las calles deben entonces hablar al que va errando como el crujir de las ramas secas, y las callejuelas de los barrios céntricos reflejarle

las horas del día tan claramente como las hondonadas del monte. (Benjamin,1982:15, énfasis mío)

Todo ello pareciera desde la racionalidad de la ciudad moderna un despropósito, un sinsentido al no tener una orientación y claridad en la ruta, al no ubicar el objetivo de llegada; y es que a veces confiar demasiado en ese conocimiento hace que algo de tan claro y conocido ya no se perciba; la mirada se acostumbraría y ya casi nada hablaría o haría señas alrededor. En cambio, aprender a perderse significaría saber leer los signos y las huellas; escuchar y percibir los matices que hablan en las diferentes horas del día. Se requiere, entonces, de la atención y del aprendizaje, de la observación y la notación; en suma, del paseo, como ya lo había intuido Robert Walser.

También ese paseo le mostraba a Sergio Pitol una Venecia inabarcable: "siempre queda algo para ver en el próximo viaje, porque una iglesia está en restauración, un cuadro está prestado, hay una huelga de museos, por mil razones. Cada viaje significa rectificaciones, ampliaciones, asombros, consagraciones y desacralizaciones" (1996:24), que lo llevan a apropiarse, pero también a perder la Ciudad, en el deseo de seguirla escribiendo. Deseo de cruzar el límite, de sentir que se está a un paso de la meta, como vislumbró Pitol cuando recién llegó, y desde el *vaporetto* por el Gran Canal atravesó distintos espacios y tiempos de esa gran ciudad. Después, en su escritura podría reafirmar que "¡Todo es todas las cosas!", pero fue ese recorrido a "ciegas" por la Ciudad lo que le revelaría ese secreto:

Uno, me aventuro, es los libros que ha leído, la pintura que ha visto, la música escuchada y olvidada, las calles recorridas. Uno es su niñez, su familia, unos cuantos amigos, algunos amores, bastantes fastidios. Uno es una suma mermada por infinitas restas. Uno está conformado por tiempos, aficiones y credos diferentes. (1996:25)

Uno es todo ello, y es la escritura de esa experiencia la que, como en un espejo, le devuelve la imagen invertida, distorsionada, y que invita a ser penetrada de otra manera. Sergio Pitol siguió guiado por el cauce de las calles, que en Venecia no se llaman *strada* o *via* sino *calle*, como queriendo mantener el origen de la etimología de sendero, del cauce (raíz relacionada con el *callum*, callo, dureza de la planta de los pies) que requiere sólo el caminar. De ahí que en Venecia no haya carros ni motocicletas, como si se quisiera recuperar un tiempo primigenio en el que el caminante se apropia del espacio, ya sea en el recorrido por el agua o por las calles. Calles que discurren junto a los canales en un entramado de rumbos y direcciones, de puentes y pasajes, en los que el Paseante, sin proponérselo, se pierde para regresar al mismo sitio: "caminé al azar durante muchas horas, recorrí innumerables calles y crucé varias veces el gran puente del Rialto, y otros mucho menos majestuosos, hasta algunos ruinosos que cruzan los canales pequeños en barrios sin prestigio." (1996:13).

El escritor que sabe el valor del "tiempo", que se da el tiempo y se abre al conocimiento, al goce, a la conciencia de lo otro, a la relación con los otros y al descubrimiento de sí mismo, recorre el mundo también desde el interior de la casa, como lo reconoce Pitol:

> recorrer mi jardín; ver por fin reunidos mis libros, saber que he llegado a la isla desierta con más opciones que los diez títulos que exigen las encuestas; *estar lejos de todo, sin haber renunciado a observar el mundo, escrutarlo, leerlo, tratar de descifrar sus señales, intuir sus movimientos, es en conjunto un placer.* Eso no excluye algunos viajes, soñar en caminar otra vez por algunas callejuelas de Lisboa, de Praga, de Marienbad, de Venecia... (1996:28, énfasis mío)

Al final del día y del recorrido por aquella ciudad que se quedó en las tinieblas y en el deseo de seguirla descubriendo y creando, es cuando surge la necesidad de empezar a narrar y a construir su propia Venecia. ¿Pero de qué ciudad se habla? ¿De aquélla que se plasma en el lienzo o en la escritura por la expresión de una cierta mirada, distorsionada, miope, borrosa? ¿Una visión que, a fin de cuentas, da sentido a lo vivido?, ¿que da forma y unidad a la multiplicidad de imágenes y vivencias desperdigadas?, ¿que da peso y sostén, para que al final no todo se diluya o se amontone en el paso de los días?

Una ciudad que se fija y se borra al mismo tiempo por las palabras, que se encuentra y se sigue perdiendo, quizá para que no acabemos de hablar de ella, y seguirla recorriendo inmersos en ese laberinto, en ese claroscuro en el que también se convierte la existencia. Sergio Pitol ensaya con su paseo otras miradas de la Ciudad, y con ello se descubre como alguien que se encuentra siempre en el umbral de sí mismo.

Lo esencial es cómo "esa noche, al subir a mi vagón creía conocer Venecia como la palma de mi mano. ¡Qué iluso, pobre diablo!" Siguió su viaje a Roma y cuando sacó la chaqueta de su maleta se dio cuenta de que ahí estaban las gafas: "El milagro se había consumado: había cruzado el umbral (...) Recordé una frase que está al final del *Al faro*: 'sí, también yo he tenido mi visión', y me quedé dormido." (1996:14).

W. G. SEBALD Y LA MIRADA MELANCÓLICA

Los pies llevan a donde debiera llegar la cabeza.

Proverbio judío

Comienzo con el epígrafe que el mismo Sebald utilizó en alguno de sus ensayos, y que sirve justamente para ilustrar la pasión de este escritor alemán por las largas travesías. Desde muy joven se fue unos años a Suiza y, finalmente, se instaló en Inglaterra, en la ciudad de Norfolk, donde pasó el resto de su vida enseñando y escribiendo, hasta que murió en un accidente el 14 de diciembre de 2001. Un escritor que, con su pequeño libro, *El paseante solitario. En recuerdo de Robert Walser*, da cuenta del significado del paseo para ese escritor suizo, pero también para él mismo. Escrito como muchos otros de sus libros, con tono poético, autobiográfico, novelesco, reflexivo, es decir ensayístico. Libros marcados por el viaje; por la yuxtaposición de los espacios y los tiempos; por la melancolía y la memoria; por la manera de recoger historias y detalles; de posar la mirada en las cosas que parecieran insignificantes, y, también, por su particular procedimiento de transmitir imágenes, experiencias, conocimientos, anécdotas. Imágenes verbales acompañadas siempre de fotografías *como si* en ese encuentro de lenguajes, Sebald quisiera trazar el "cuadro completo".

Desde el comienzo de su libro *Los anillos de saturno*, Sebald expresa la necesidad del paseo no sólo como esparcimiento físico, sino como parte de un proceso existencial y creativo:

En agosto de 1992, cuando la canícula se acercaba a su fin, *emprendí un viaje a pie* a través del condado de Suffolk, al este de Inglaterra, con *la esperanza de poder huir del vacío*

que se estaba propagando en mí depués de haber concluido un trabajo importante. Esta esperanza se cumplió hasta
cierto punto, ya que raras veces me he sentido tan indepen-
diente como entonces, *caminando horas y días enteros* por
las comarcas, en parte pobladas sólo escasamente, junto a la
orilla del mar. (2000:13)

Concluir un trabajo le imponía así la necesidad de caminar,
de abrirse y recorrer un paisaje solitario para mirar, recoger,
anotar, pensar, es decir, para huir del vacío que le generaba el
haber concluido una obra; pero, al mismo tiempo, ese vacío
le servía como apertura al mundo en un interminable cuestionamiento de la realidad y de sí mismo. En otros momentos, sus recorridos anuncian la "libertad de movimiento", así
como "el horror paralizante" al contemplar "las huellas de la
destrucción". La imagen melancólica que él mismo describió
al hablar de uno de sus amigos, se adapta a su propia forma de
trabajar: "entre sus papeles se parecía al ángel de la Melancolía
de Durero, resistiendo inmóvil entre los instrumentos de destrucción". (2000:34).

Sebald se mantiene fiel a la contemplación de los objetos y
en ellos no sólo observa el objeto en sí, sino también el paso
del tiempo en las cosas y los seres, su transformación y destrucción. De ahí la mirada melancólica de un hombre, inmerso en ese "viaje" más humilde, que representa la experiencia
del paseo, capaz de vislumbrar en lo que ve lo que ya no está.
En su cruce por los espacios urbanos, por sus intersticios y
sus márgenes, Sebald configura una constelación de imágenes
con referentes históricos, culturales, existenciales y políticos,
y más que hablarnos de un entorno en particular, o de una
ciudad en general, nos remite a la profundidad de lo espacial
y lo temporal, como si este escritor se trasladara a otro tiempo
ya pasado y se proyectara, asimismo, en lo que está por venir.
Y es que su mirada parece posarse en la superficie de las cosas,
de los espacios, para excavar en ellos y exhumar sentidos que
le traían a la memoria recuerdos de otros lugares, otras perso-

nas y otros tiempos. Acechaba, así, sus huellas, intentando seguir el rastro que iba dejando, al mismo tiempo que construía otras historias. En efecto, a partir de este procedimiento su interpretación del mundo se fue configurando en una errancia incesante, retomando el material de lo que, a su paso, pasaba; luego en la concentración de su escritura construía esa mirada tan intimista y poética que caracteriza su narración. Relatos que, como veremos, se configuran con fragmentos, texturas, contenidos que siguen el método ametódico del Paseante para trazar su escritura.

En su libro sobre Robert Walser, Sebald encuentra semejanzas entre ellos, en su inclinación por el paseo o cuando de niño salía a caminar con su abuelo, a quien le recuerda el mismo Walser, semejantes en "la manera de usar el sombrero y la gabardina", y en otros comportamientos; además, los dos muertos en el mismo año, 1956. Se pregunta entonces "¿qué significan esas similitudes, coincidencias y correspondencias? ¿Se trata sólo de imágenes enigmáticas del recuerdo, de autoengaños o engaños de los sentidos, o de esquemas que se extienden por igual sobre vivos y muertos en un orden para nosotros incomprensible?" (Sebald, 2008:23). No sabemos cuál sería la respuesta, pero sí, que él vivía envuelto en esa búsqueda de correspondencias, lo que también caracterizó en gran medida su escritura. En este caso semejanzas entre su abuelo y Walser, pero también entre su presente y la historia, entre algún escritor o personaje y él mismo, entre lugares tan distantes. Finalmente, un esquema de constelaciones entre lo vivo y lo muerto. Quizá porque en esas correspondencias en lo que veía y leía, podía ver siempre algo de sí mismo; por ello es difícil catalogar la obra de Sebald en un género determinado, parece crónica, novela, biografía, pero también y, sobre todo, ensayo.

Al hablar del otro habla de sí mismo, no por narcisismo, vanidad, autorreferencialidad o ensimismamiento, sino porque parece buscarse, incesantemente, en el profundo deseo de leer y narrar esos espacios a contrapelo: confronta las maneras de mirar y de hablar de lo conocido, y agrega el ingrediente de la extrañeza, de lo fantasmático, para ver lo que ya no está y quebrantar el sentido de las identidades, mostrando el *otro* lado de las cosas. Así, reconstruye su propia historia a través de los otros, y la de éstos a través de signos, documentos, referencias, detalles para restituirles una vida, un nombre.

Sebald, un escritor entusiasmado por los paseos, las caminatas, los estados melancólicos, es también quien va detrás de los restos, los vestigios, las ruinas de las cosas y, con ello, de sus huellas, sus señas y marcas que indican el camino del tiempo; ese camino que recorrían sus pies, que su pensamiento seguía y su mano escribía. Pareciera un hombre no celoso del tiempo mismo, como la característica de los habitantes de las ciudades modernas, sino amante, más bien, de la pátina de historia que queda en las cosas y los seres. En lo que parece comulgar con Edwin Panofsky cuando éste se preguntaba por qué debemos estar interesados en el pasado: "Porque estamos interesados en la realidad. No hay nada menos real que el presente. Una hora atrás, esta conferencia pertenecía al futuro. En cuatro minutos, pertenecerá al pasado."

Escritura narrativa que recoge formas de memoria o mejor, para decirlo con Yosef Yerushalmi, de justicia, cuando aclara que lo contrario al olvido no es la memoria sino la justicia; y, en ese sentido, también Walter Benjamin cuando al final de su ensayo "El narrador" afirma, que "el narrador es la figura en la que el justo se encuentra consigo mismo." Si esto es cierto, entonces, la escritura que se quiere justa, o el escritor que busca esta justicia, tendrá que recoger lo que otros ya han desechado: paisajes, calles, voces, rostros, silencios, muertes; en suma, las vidas que no se ven, las voces que no se oyen. Finalmente, singularidades para "salvarlas" del olvido —de la injusticia— y restituirles un destino al plasmarlas en un mosaico de posibilidades: geográficas, históricas, literarias, políticas, existenciales, en un acercamiento al tiempo-ahora del escritor.

De ahí, entonces, que la narración y la justicia coincidan de algún modo en el ensayo como memoria y como encuentro con uno mismo en lo Otro; y coincidan también en esa búsqueda de sabiduría del que narra, lo cual significa no sólo dar cuenta de lo que sucede, sino "poder narrar su vida y su dignidad; la *totalidad* de su vida. El narrador es el hombre que permite que las suaves llamas de su narración consuman por completo la mecha de su vida". (Benjamin,1998:134). Ese es su talento, escribe Benjamin, lograr incorporar la experiencia de los otros a la propia, y en esa fusión construir una perspectiva de la realidad, más justa, menos ajena a lo humano. Pero también, nos recuerda, que el arte de la narración va en detrimento porque la facultad de intercambiar experiencias va a la baja: "la experiencia ha caído y parece seguir cayendo libremente al vacío." (1998:112).

Sabemos que la fuente de la que se han servido los narradores es la experiencia que se transmite de boca en boca; la misma de la que se vale Sebald para construir su obra, como si fuera detrás de las historias, de los signos, de las vidas y las voces de los otros. Un rasgo característico de la narración es que en esa transmisión hay una forma de indicación a la vida práctica, lo que Benjamin llama, "los consejos para el que escucha", pero "el consejo no es tanto la respuesta a una cuestión como una propuesta referida a la continuación de una historia en curso." (1998:114). Ser capaz de narrar, de articular situaciones y acontecimientos con la vida vivida para darle curso a la historia: "El narrador toma lo que narra de la experiencia; la suya propia o la transmitida. Y la torna a su vez, en experiencia de aquellos que escuchan su historia." (1998:115). La tarea se convierte en la escucha de las voces de la realidad para sumergirse en los acontecimientos mismos, hacerlos parte de la propia experiencia para luego devolver todo eso, transformado, en un proceso de incesante creación, en una permanente apertura, lo que caracteriza el ejercicio ensayístico como poética del Paseante.

La escritura de Sebald se convierte en narración poética y crítica, imaginativa y reflexiva, con lo cual muestra no sólo paisajes, ciudades y personas sino estados de ánimo, recuerdos, sueños, ideas, preguntas, crea una atmósfera novelesca al retratar individuos y mundos ficticios o reales; eso deja de importar, lo relevante es cómo los construye, cómo les da vida en ese deseo fantasmático que lo impulsa hacia otro tiempo para hacer contemporáneo lo que ya no existe. El narrador de sus obras se parece a ese Paseante solitario que, en su movimiento, va poniendo a prueba su capacidad de observación, de atención e indagación, pero, sobre todo, como él mismo escribe sobre Walser, pone a prueba su capacidad de amar, porque repara "en sustancias y cosas a las que nadie más presta atención". Vive en rebeldía, en resistencia frente a la "utilidad" o "productividad" de las cosas, las acciones y los seres; también frente a los ojos del poder dominante cuya idea de "paseo", simplemente estaría fuera de su reconocimiento o valoración.

En cambio, Sebald propone otra postura, clave para volcarse en ese mundo otro, en el que rescata, salva, recoge de entre los escombros del tiempo, las vidas, las cosas y las ciudades. Ambos, Walser y Sebald, son "videntes de lo pequeño", amantes de aquello a lo que casi nadie presta atención: "la ceniza, una aguja, un lápiz o una cerilla. Sin embargo, la forma en que Walser les insufla un alma mediante un acto de completa adaptación y empatía revela que, en definitiva, los sentimientos son más profundos cuando se demuestran en nimiedades" (Sebald, 2008:41). Pareciera una imagen que refleja, justamente, al mismo Sebald.

Siguiendo con su libro *Los anillos de Saturno*, en el que Sebald narra su recorrido por el condado de Suffolk, cuando emprende sus caminatas para huir del vacío interior propagado por la conclusión de uno de sus trabajos. Un vacío que, al final del libro, pareciera un conglomerado de rostros, lugares, vidas, anécdotas; en suma, se detiene en todo aquello que *le pasa*, le da forma con el trazo de su pluma; interrumpe todo ese trajín de lo que sucede afuera y recupera en el paseo solitario la conciencia de todo ello. En una escena callejera, por ejemplo, en la ciudad de los Países Bajos, La Haya, con lujo de detalle, Sebald muestra el ajetreo cotidiano con personajes dramáticos, violentos o patéticos, creando un escenario que, al final del día, deja al narrador inmerso en el insomnio por las consecuencias de los episodios vividos: de pronto, cuando caminaba por la ciudad, "por la esquina de la calle se precipitó hacia mí un hombre de piel oscura que llevaba el puro espanto en el rostro y que me esquivó de un salto"; por el mismo camino, venía, detrás, el perseguidor, parecía uno de sus compatriotas, "con los ojos brillantes de sed de sangre y de rabia debía ser cocinero (...) pues llevaba atado un delantal y un cuchillo largo y reluciente en la mano, que me pasó tan cerca que casi creí sentir cómo se hundía entre mis costillas." (2000:92). Después de aquella escena, el narrador se fue a su hotel y permaneció en la cama de su habitación, conmocionado por los acontecimientos. Al día siguiente, todavía aturdido, decidió entrar en el museo Mauritshuis para ver el cuadro de Rembrandt, "La lección de anatomía del Dr. Tulp", pero todavía afectado por lo ocurrido y además trasnochado: "sin saber exactamente por qué, me sentí tan agredido por la representación", que sólo se tranquilizó cuando se encontró con otro cuadro: la "Vista de Haarlem con los campos de batán" de Jacob van Ruisdael, y con él, la visión de otra ciudad, Haarlem, y otro tiempo, mayo de 1644; al salir,

me senté un rato al sol, en las escaleras del palacio que, según la guía que me había comprado, Johann Maurits, el gobernador, había mandado construir y decorar en su patria, durante sus siete años de estancia en Brasil, como una residencia cosmográfica alusiva a su lema personal 'Tanto como abarque el mundo entero', reflejo de las maravillas de las regiones más apartadas del mundo. (2000:93)

En ese deseo de abarcar el mundo entero desde su deambular, desentierra y retoma una realidad envuelta en los acontecimientos, los gestos, las pinturas, la arquitectura, para que en una fusión de simultaneidades veamos, en el instante de la escritura, la experiencia del narrador, y tengamos casi, por un momento, el cuadro completo para vislumbrar lo que ha sucedido por dentro de lo que acontece. Sin embargo, los acontecimientos, los signos visibles, la realidad con la que se construye la visión, se "completan", de algún modo, en su trayecto ensayístico.

En su texto *Los emigrados*, W. G. Sebald escribe lo que va cobrando vida dentro de la cabeza del narrador, siguiendo la ruta a donde lo llevan sus pies: encuentros o experiencias con personas ordinarias y comunes; con ciudades, barrios y calles; con el paisaje natural y el espacio urbano. Cuatro personajes cuyas vidas se centran en la emigración. Será a partir de documentos, fotografías, testimonios, objetos y contextos que rodean a esas personas, como el escritor irá rastreando sus vidas con su propio movimiento. De ahí que sus narraciones se mantengan entre la ficción y la realidad; entre la primera y la tercera persona; entre la novela y el ensayo, donde la condición humana, la memoria, la experiencia y la realidad se hacen escritura. Como él mismo ha escrito al referirse a Peter Handke: "hace visible un mundo más bello gracias únicamente a la palabra." (2005:210).

La mirada melancólica de Sebald es capaz de ver la infelicidad, no para quedarse a morir con ella, sino para conocerla y, por ello, ir más allá del desconsuelo. La melancolía como una forma de resistencia frente a la destrucción y el abandono; o, como dijera, Benjamin, como una forma para "organizar el pesimismo" y dejarse tocar por lo insignificante por los fragmentos que se le revelan como umbral de otra cosa, y desde ahí, en la más profunda y fútil cotidianeidad abrir otros caminos de significación y sentido.

En ese entretejido de él mismo con la vida de los otros, con las ciudades y los paisajes, se van tramando las historias de *Los emigrados*, se van tejiendo los destinos; por ejemplo, la de Max Ferber (inspirado en el pintor Frank Auerbach), un famoso pintor judío alemán, que fue enviado desde muy chico a Inglaterra para salir de la Alemania nazi, donde sus padres murieron en un campo de concentración. Desde el inicio del relato, Sebald, el narrador, nos habla de su propia llegada a Manchester, y de su recorrido por esa ciudad en la que tendrá varias entrevistas con Ferber, el pintor; pero antes de su primer encuentro, narra su experiencia de la ciudad y del lugar donde vivió. Ciudad "prodigiosa del siglo pasado, compuesta sobre todo de gigantescos edificios victorianos de oficinas y de almacenes y que todavía causaba una sensación de enorme poder, pero que, en realidad, como pronto iba a descubrir, por dentro estaba casi totalmente vacía." (2003:181). Imagen dialéctica que engloba el poderío de una ciudad, pero también la desolación que envuelve a sus habitantes. Fundido en esa realidad, nos sigue contando del hotel donde se hospedó por unos meses; de la gente, de los pequeños detalles que intervienen en una historia, y así, poco a poco, nos va revelando el cuadro completo:

> En lo que a mí respecta cada vez me invadía en el hotel, cuando los domingos éste se quedaba completamente abandonado, una sensación tan irresistible de inutilidad y desconcierto que para tener por lo menos la ilusión de un cierto encarrilamiento me iba a la ciudad, donde, sin embargo, *me dedicaba a callejear sin rumbo* entre los edificios monumentales del siglo pasado que en el transcurso del tiempo se habían ennegrecido. Durante aquellas caminatas, en las escasas horas en que verdaderamente lucía el sol y la luz del invierno invadía las calles y plazas desiertas, siempre me estremecía el desparpajo con que la ciudad del color de la antracita, de la que se difundió el programa de industrialización por todo el mundo, exhibía ante el espectador *las*

huellas de su ruina y su decadencia, que por lo visto habían devenido crónicas. (2003:188)

Caminando reconstruye: ve, percibe, muestra la ciudad hasta llegar al barrio judío que, si bien en el periodo de entreguerras fue un centro importante de la comunidad judía de Manchester, ahora estaba abandonado pues sus habitantes se habían trasladado a otros sitios:

> No hallé más que una sola hilera de casas deshabitadas, a través de cuyas ventanas y puertas destrozadas soplaba el viento, y en prueba de que alguna vez allí de verdad había vivido alguien, la placa de un bufete de abogados —que a duras penas logré descifrar— [...] las autoridades también habían derruido milla a milla las viviendas de los obreros, de manera que una vez evacuados los escombros sólo quedaba el trazado rectangular de las calles para indicar que allí una vez habían pasado la vida miles de personas. (2003:189)

Esta maestría de Sebald de mostrar en la visibilidad de los signos lo que ya no existe; de leer las huellas de lo ya sido; de vislumbrar las condiciones que se cuelan por la pátina del tiempo, es característico de mucho de su escritura. Sin parecer un documento histórico deja ver la historia o el devenir de los acontecimientos; trasciende la crónica o la descripción, y, sin embargo, muestra todo lo que *le* aparece en su caminar. El lenguaje cobra, entonces, su propia verosimilitud a través de las imágenes literarias que, acompañadas casi siempre de fotografías, recrea esa atmósfera de lugares que nos parecen familiares a pesar de jamás haber estado ahí. Construye imágenes, cuadros, fragmentos de libre asociación mental y con su "memoria involuntaria" saca a la luz vidas y procesos de interiorización; atravesado por la experiencia de lo desconocido y extraño, de lo fantasmático, de lo que ya no está, por eso: "la utopía consiste —escribe Sebald— en la lucha maníaca por darles forma a los seres exterminados, darles espacio a los desconocidos, arrancarles sus historias anónimas, sus significados." (2000:91). La utopía, figura paradójica, constituye la posibilidad de crear a partir de lo que ya no es, para darle espacio y perspectiva a lo que se desconoce, al no-lugar, a lo que se ha borrado y exterminado; para dar forma y consistencia en la escritura a la propia vida, a la forma de lo humano.

Como hace Sebald al dar vida a la madre de Ferber, cuando por segunda vez, después de muchos años, el narrador vuelve a buscar al pintor al mirar, casualmente, uno de sus cuadros en la *Tate Gallery* de Londres. A partir de ahí, Ferber "volvió a cobrar vida dentro de mi cabeza", poco después también llegó un suplemento dominical con un reportaje del pintor. Con ello descubrió, al paso de algunas semanas, que no había formulado las preguntas esperadas para indagar su historia anterior. En su regreso no sólo se encuentra con un Ferber más viejo sino con una ciudad que, en el fondo, "todo había quedado igual que como había sido un cuarto de siglo antes. Lo que habían construido para contener el proceso de decadencia general ya estaba a su vez amenazado de ruina." (2003:192). Su mirada se detiene, entonces, no sólo en la historia de Ferber sino en la historia que rodea a este hombre, su espacio y su tiempo, su entorno y su memoria. Con las ruinas de la ciudad y los recuerdos fragmentarios, Sebald reconstruye el pasado de Ferber, como él mismo nos cuenta que lo hace el pintor: "inclinado sobre aquellas imágenes intentando con una lupa penetrar con la vista hasta lo más hondo" (2003:223). Así parece la mirada y el oído atento del Paseante-narrador detenido en los detalles, en las anécdotas y las imágenes que le revelan el relato de Ferber; cuando con sus palabras recrea su vida, parecía visualizar y revivir cada instante.

Desde aquel 17 de mayo de 1939, el día en que la madre de Ferber cumplió 50 años, y que lo llevaron al aeropuerto para llegar a Londres con un tío, hasta el año 1942 en que decidió vivir en Manchester, pues no quería que nada ni nadie le recordara su origen:

Incauto de mí pensé que en Manchester podría iniciar una nueva vida, libre de toda cohibición, pero precisamente Manchester me trajo a la memoria todo aquello que yo buscaba olvidar, pues Manchester es una ciudad de inmigrantes [...] sobre todo alemanes y judíos, artesanos, comerciantes, profesionales. [...] Así al arribar a Manchester había llegado en cierto modo a casa. (2003:230-231)

Su vida estaba marcada sobre todo por la deportación de sus padres, "por el retraso y la dilación con que me llegó la — al principio increíble— noticia fatal, y con que fui comprendiendo poco a poco su inconcebible significado". (2003:230). Al final de esa entrevista, Ferber le entregó al narrador un legajo atado con un cordel, contenía fotografías y un centenar de páginas manuscritas, anotaciones que había hecho su madre entre 1939 y 1941. Nunca obtuvieron la visa, y con ello los planes que tenían de reunirse con su hijo. Sin embargo, la madre no dedicó "ni una sola línea al acontecer cotidiano, pero, en cambio, describía, dijo Ferber, con una pasión para él incomprensible, su infancia en la aldea de Steinach, en la Baja Franconia, y su juventud en Bad Kissingen. Ferber dijo que las memorias de su madre, que como era de suponer habían sido escritas sobre todo para él, sólo las había leído dos veces..." (2003:232), una por encima y otra con detenimiento, muchos años después. Pareciera que Sebald, el narrador, prosiguió con la tarea laboriosa de Ferber: "has de proseguir con la labor iniciada –en este caso, con la de recordar, escribir y leer—hasta que se te parta el alma". (2003:232). De hecho, es lo que hace este escritor en sus recorridos al seguir las huellas de sus personajes y entretejer las historias de los otros con la suya: recordando, leyendo, escribiendo hasta el final.

Sebald reconstruye así la historia de la madre de Ferber, Luisa Lanzberg, su infancia, su juventud, hasta que conoce a Fritz Ferber, su futuro marido y padre del pintor: "Cuando hoy rememoro —leo en otra parte de las anotaciones de Luisa— *nuestra infancia* en Steinach, a menudo *me da la sen-*

sación de que se hubiera dilatado durante un tiempo ilimitado en todas direcciones, es más, *de que seguía durando*, incluso hasta estas líneas que escribo ahora." (2003:249, el énfasis es mío). Poco tiempo después el narrador recibe la noticia de que Ferber está muriendo, vuelve a visitarlo ya en el hospital, en silencio, "estuve sentado junto al enfermo, que tenía el rostro cenizo y una y otra vez caía vencido por la fatiga, hasta que me despedí y emprendí a pie el largo camino de vuelta por los distritos meridionales de la ciudad, a lo largo de las interminables avenidas..." (2003:278). Un paseo marcado por las ruinas de aquella ciudad y por su encuentro con el pintor que estaba muriendo, decide, entonces, no sólo recorrer Manchester sino también viajar a Kissingen y Steinach, las ciudades donde vivió la madre de Ferber, y retomar los lugares para habitarlos con la paciencia que requiere quien se hace cargo de algún modo, de narrar y, por tanto, de recoger los fragmentos, las ruinas, los nombres de la vida del otro. Y por qué no, se hace cargo también de dilatar la vida de los otros en su escritura. Cuando llegó al cementerio judío en Kissingen:

> lo que veía era más bien un solar lleno de sepulturas abandonadas desde hacía muchos años, que poco a poco se derrumbaba y se hundía en sí mismo, cubierto de hierba crecida, flores de prado, sombras de árboles que se mecían en el suave movimiento del aire. Sólo aquí o allá había una piedra sobre una tumba, señal que alguien, hace no se sabe cuánto tiempo, debió de haber visitado al difunto. (2003:268)

A veces pareciera que la forma de contar una historia basta para poner en evidencia la experiencia del escritor, su forma de habitar un sitio, sus gestos, su manera de posar la mirada sobre las cosas, de recogerlas, de seleccionarlas, de pensarlas y darles vida. La escritura del Paseante nos habla de su autor y su proceso creativo. Una escritura fuera de tiempo y de lugar, para hacerse contemporánea de otros tiempos y lugares, como parece haber vivido Sebald, acogiendo vidas cercanas a él, aunque no las hubiera conocido. Le fascinaban las coincidencias entre las vidas, encontrar algo inesperado, algún detalle, como lo narra en la siguiente escena de su mismo libro *Los emigrados* casi al final de la historia de Max Ferber, cuando va al cementerio a buscar rastros de los antepasados de su personaje, y en el camino encuentra otro nombre:

> Una especie de escalofrío me recorrió todo el cuerpo ante la tumba en que yace Meier Stern, fallecida el día de mi cumpleaños, el 18 de mayo; y cuando vi el símbolo de la pluma en la lápida de Friederke Halbleib, quien expiró el 28 de marzo de 1912, también me sentí conmovido de un modo que, como tuve que reconocer, sin duda, nunca sabría explicar del todo. Me la imaginé de escritora, sola y sin aliento inclinada sobre su trabajo, y ahora que escribo esto tengo la sensación de que *yo* la hubiera perdido y de que yo no podía dejar de sufrir por ella pese al largo tiempo transcurrido desde su muerte. (2003:269-270)

Algo parecido me hace sentir el final de esta lectura de W. G. Sebald, que ya tampoco existe, imaginármelo inclinado sobre su trabajo, y con la sensación de melancolía que deja el hecho de haber perdido a alguien querido a pesar de no haberlo conocido y, sin embargo, poder sumergirme en esa conmoción cuando recorro, con el tiempo que precisa, sus novelas que parecen ensayos. Yo también tuve esa extraña percepción de las coincidencias que rigen, según Sebald, como esquema de los vivos y los muertos; al leer ese pasaje que acabo de citar y creer al principio que sólo era un guiño en la narración. No sabía exactamente la fecha de su nacimiento y cuando registré sus datos biográficos, ahí estaba la fecha en la que nació W. G. Sebald, 18 de mayo de 1944, la misma en la que, veinte años después, yo nacería.

WALTER BENJAMIN Y EL AMOR A LO PERDIDO

El amor es un sentimiento desinteresado, una calle de dirección única. Por eso es posible amar ciudades, amar la arquitectura *per se*, la música, los poetas muertos o, dado un temperamento particular, a una deidad.

Joseph Brodsky

La ciudad es realización de un viejosueño humano: el laberinto.

Walter Benjamin

El Paseante transita desinteresadamente por calles, pasajes, bibliotecas, ciudades, es quien, "amorosamente", va indagando para encontrar caminos y atender las cosas más elevadas y más bajas, porque todo es requerido y significativo. Paseo donde la experiencia del Paseante atraviesa el mundo y todo aquello que le da qué pensar. Observa tantas cosas que pasan, pero se detiene, verdaderamente, como escapando de la corriente del tiempo, pues parece encontrar sólo un modo para ello: pasar por lo que no pasa y convertir todo eso en experiencia, en escritura, en ensayo:

> como lo muestra la última obra de la cultura europea que todavía se funda íntegramente en la experiencia: los *Ensayos* de Montaigne, la experiencia es incompatible con la certeza, y una experiencia convertida en calculable y cierta pierde inmediatamente su autoridad. No se puede formular una máxima ni contar una historia ahí donde rige una ley científica. (Agamben, 2007:14-15)

Si bien el ensayista pudiera estar como Montaigne encerrado en su torre, nadie como éste para sumergirse en la realidad, y desde la soledad de la escritura contar su experiencia del mundo: pensando, cavilando, sintiendo; en suma, expuesto a la percepción de lo humano, abierto a la realidad. El movimiento del pensamiento como metáfora del paseo es indispensable para estos escritores que van en busca, sobre todo, de sí mismos, pero atendiendo a los detalles del mundo, a sus formas y costumbres para vislumbrar, en medio de todo ello, la radical soledad o la vivencia de lo inefable que tiene que ver, como lo sabía bien el ensayista francés, con el deseo de diálogo, a través de la lectura. Ensayo del paseo que hace tangible la prueba, el tanteo, el intento por nombrar, por preguntar. Espacio que intenta acercarse al ser mismo de las cosas, y de donde se revela un singular pensamiento crítico que nos acerca a lo que también Walter Benjamin hace en su libro *Denkbilder*.

Denkbilder, un concepto que sustituía a *Idee*, palabra alemana cuyo significado se refiere a la interacción entre sujeto y objeto; además hace alusión a la captación y fijación de un instante en una imagen insertada en el tiempo, cercana a la idea del aforismo. Se trata entonces de una escritura fragmentaria que genera formas breves narrativas que se acercan a lo que Benjamin llamaba "miniaturas modernistas", que más que describir muestran la realidad, como él mismo hablaba de su técnica: "Método de este trabajo: montaje literario. No tengo nada que decir. Sólo que *mostrar*. No me apropiaré de ninguna formulación profunda, no hurtaré nada valioso. Pero los harapos, los desechos: ésos no los quiero describir, sino *mostrar*." (2007:854).

Más que una técnica, un estilo propio que se revela tanto en este libro *Denkbilder. Epifanías en viajes*, como en *Infancia en Berlín, Dirección única* y, sobre todo, en el *Libro de los pasajes*, donde a partir de diálogos y encuentros (usaba la cita como recurso retórico, sabía que las palabras fuera de su lugar, arrancadas de su contexto, podían a veces decir mucho más, y tener un verdadero encuentro, una cita, con los otros) con autores, tiempos y espacios, podía iluminar otras partes de la realidad. Trabajaba en esas formas alternas para conocer y mostrar la alteridad de su entorno y, al mismo tiempo, como una manera de dar a luz las epifanías del escritor. Este último libro, el *Libro de los Pasajes*, un proyecto que ocupó a Benjamin durante trece años, desde 1927 hasta su muerte en 1940, configura de algún modo el origen, el trayecto y la culminación de su obra, al contener materiales y temas que ocuparon su quehacer crítico, filosófico y vital. Libro que guarda, como aclara su editor, "una densa colección de brillantes aforismos e inquietantes fragmentos", es ahí donde Benjamin buscaba "descubrir entonces en el análisis del pequeño momento singular el cristal del acontecer total". (2007:463).

El crítico alemán trasciende el tema de la modernidad del París del siglo XIX y forma, a la manera de un caleidoscopio, nuevas constelaciones de significados y sentidos, para construir metáforas y alegorías como recursos "ametódicos" que posibilitan una incesante exploración del lenguaje; y con éste de nuevos modos de comprender la génesis de las identidades sociales o individuales, y de entender las figuras y los rostros alternos: los paseantes, las calles, los edificios, las mercancías, las fotografías, los nombres, las catacumbas, los restos, las pequeñas cosas que le servían a Benjamin, a la manera de un coleccionista, para mostrar y entender el escenario donde se generaba el drama de la civilización; y una ciudad, París, que le sirve como modelo de "un mundo en miniatura".

El libro de Benjamin muestra su amorosa inclinación al mundo, a las ciudades y sus desechos, en los que posa su mirada de Paseante, para hablar de los gestos, de las cosas y los actos de donde se desprenden formas de vida, pero también la catástrofe del progreso. Se mueve, sobre todo, entre los márgenes de la realidad, del pensamiento y la escritura, a contracorriente de las formas de conocimiento académico. Aun a costa de quedar excluido de muchos ámbitos intelectuales de su tiempo; pensaba, afectado por la exterioridad, y ese tipo de pensador es el que distingue el acontecimiento auténtico debajo de los "grandes acontecimientos ruidosos", diría Deleuze, dispuesto a la búsqueda como un pepenador de lo que ya no sirve, de las ruinas, de lo que no hace ruido; recoge, pues, en su escritura, los escombros que va dejando la civilización, o el proyecto de modernidad.

Concebir la modernidad como el desarrollo de las fuerzas productivas del capitalismo, llevó a Benjamin, por un lado, a perderse en lo concreto y particular, para extraer de ahí su misterio sin ninguna mediación teórica; (cf. Benjamin, 2007:14) y, por otro lado, a concebir el paseo, el recorrido por las ciudades, como elemento fundamental en su reflexión. Una intención cognoscitiva que parte de la experiencia, del "saber sentido" que, según Benjamin, "no sólo se nutre de lo que a éste se le presenta sensiblemente ante los ojos, sino que es capaz de apropiarse del mero saber, incluso de los datos muertos, como de algo experimentado y vivido". (2007:14) En lugar de conceptos, Benjamin trabajaba con imágenes, para acercar las cosas y dejar que "entren en nuestra vida".

El lector de los *Pasajes* se encuentra más bien ante los escombros, y "en las ruinas de los grandes edificios habla la idea de su proyecto con más hondura que en otros menores, aun mejor conservados". (2007:229). Esa entrega a lo particular existente, a lo singular de las cosas es lo que caracteriza su pensamiento, como una especie de "delicada empiria" donde se conjuga su mirar atento y lúcido. Podríamos pensar, en efecto, que con ese método aparece esa otra experiencia, que caracteriza la escritura fragmentaria en las imágenes dialécticas de Benjamin: "la epifanía", que refiere momentos delicados y evanescentes; ya James Joyce creía que era justamente el hombre de letras quien debía registrarlos como una manifestación espiritual repentina en el lenguaje, en la gestualidad, en la vida cotidiana o, incluso, en la banalidad de algún instante.

Su filosofía se centra en la tensión entre la concreción y lo onírico; entre el sueño y la vigilia, marcas que identifican al poeta o ensayista: nunca permanecer aferrado a un concepto excluyente, mejor moverse, contrastar las ideas, retomar un camino abandonado y cambiar de dirección bruscamente. En suma, narrar para dar forma a una concepción del mundo, para tener un punto de vista y una posición; para aprehender la realidad y construir una "visión". Narración que se convierte en la posibilidad de transformar y crear otras perspectivas para la existencia humana; ensayarla y sacar consecuencias para violentar los dogmas, resguardar lo eterno que hay en lo pasajero, y enfrentar lo que, desde la filosofía de Platón, se condena como lo cambiante o lo efímero, considerado todo ello indigno de la filosofía.

El paseo por las diversas ciudades que recorrió el crítico alemán se manifiesta como un entrelazamiento entre la calle y el interior; correspondencia entre la ciudad y la casa propia; incesante movimiento que le permite rescatar instantes y fragmentos, como en las imágenes de su libro *Denkbilder*, semejando pequeñas grietas por donde se deja ver a la moderna sociedad con sus edificaciones y sus ruinas que, en su totalidad, conforman un fresco sobre los "hábitos, formas, colores de una ciudad que, dada su lejanía y sus diferencias, permitiría al viajero que la recorre aprender más sobre su ciudad de origen que sobre la que visita." (Adriana Mancini en Benjamin, 2011:16). Un mosaico que se construye con el paso a paso, parecido a aquel paseo del que habla también Walter Benjamin cuando se refiere al "callejeo" del *flanêur*, el que se asume como un rebelde; una forma de resistencia contra un ritmo de vida orientado únicamente a la producción, a la utilidad, a la mercantilización, a una especie de fiscalización del tiempo donde los individuos están insertos en su cotidianeidad, en sus miedos y deseos reflejados en sus desarrolladas vitrinas y aparadores. Lugares cada vez más iluminados, más frecuentados y que, junto con las calles configuraban, para Benjamin, la ciudad burguesa y del progreso. Pero por eso mismo, la ciudad de las huellas y las ruinas que le exigía, del mismo modo, el recorrido por las partes más oscuras y marginadas.

La "experiencia moderna" se aleja cada vez más de la experiencia epifánica que parece resguardar el escritor Paseante, ésa que demanda "un gesto de interrupción", en donde es necesario

> pararse a pensar, pararse a mirar, pararse a escuchar, pensar más despacio, mirar más despacio y escuchar más despacio, pararse a sentir, sentir más despacio, demorarse en los detalles, suspender la opinión, suspender el juicio, suspender la voluntad, suspender el automatismo de la acción, cultivar la atención y la delicadeza, abrir los ojos y los oídos, charlar sobre lo que nos pasa, aprender la lentitud, escuchar a los demás, cultivar el arte del encuentro, callar mucho, tener paciencia, darse tiempo y espacio. (Larrosa, 2003:94)

Recobrar el tiempo y el espacio, como lo hace el Paseante, y transformarlo en escritura, implica también enfrentar la dificultad que "puede llegar a ser encontrar las palabras para lo que se tiene ante la vista. Pero cuando finalmente se encuentran, golpean contra lo real con sus pequeños martillos hasta que repujan la imagen como si la realidad fuera una planchuela de cobre" (Benjamin, 2011:92). Un repujado escrito en el que Benjamin nos deja la imagen de *San Gimigniano*, en Italia, cuando al anochecer las mujeres se reunían ante la puerta de la ciudad para buscar agua en grandes cántaros: "recién cuando encontré estas palabras surgió el cuadro con elevaciones duras y sombras profundas de entre las vivencias que me habían deslumbrado." (2011:92). Al encontrar las palabras surge la imagen que le revela la ciudad como paisaje, para hablar de eso que es y ya no es *San Gimigniano*, sino más bien la impresión universal de quien narra:

> hay que hacer un gran esfuerzo para recordar qué es lo que se necesita para vivir, a tal punto la línea de arcos y almenas,

la sombra y el vuelo de palomas y cuervos hacen olvidar sus necesidades al hombre. [...] Cuando me acuesto en mi cama, de noche o a la tarde, no hay más que cielo. [...] Miro desde el muro de la ciudad. [...] Hay mucho que ver, pero todo está amparado y a la sombra. [...] el muro en el que me recuesto comparte su secreto con el olivo cuya copa se abre al cielo como una corona dura y quebradiza con mil claros de luz.(Benjamin, 2011:93-94)

Imágenes vagas y tenues, que más que representarnos a la ciudad la sugieren, evocando, más allá de lo visible, aspectos olvidados o desechados de una naturaleza cada vez más alejada de la cultura, de la existencia. Y es que parece haberse creado un abismo entre el mundo y lo que sucede con el individuo, entre exterioridad e interioridad, donde los acontecimientos, la vida de los otros y las cosas de la realidad dicen muy poco, y menos todavía, conmueven, afectan o se interiorizan en una visión más completa de lo que somos. En ese entorno del fluir de la vida, Benjamin esboza formas, rostros, maneras de vivir, y aquello se le convierte en umbral de sí mismo, en una visión "totalizadora" que revela el cuadro: incompleto, agrietado, cubierto de una especie de neblina que invita a adentrarse en sus contradicciones, en sus formas inacabadas y apenas delineadas.

En toda ciudad hay, como escribía Walter Benjamin refiriéndose a París, enormes mercados de consumo con multitudes de nómadas en su sociedad, pero el flâneur parece rebelarse y desconectarse de ese mundo que comenzaba a gestarse con las multitudes y las masas. La serenidad de ese Paseante es una protesta contra el "*tempo* del proceso productivo" y, en otro de los fragmentos de su *Libro de los Pasajes*, explica "para el flâneur su ciudad ya no es su patria, sino que representa su escenario" y, mientras camina, su mirada se despliega por un paisaje donde en cada instante van penetrando tiempos y tierras lejanas. Un escenario, la ciudad, más parecido a un laberinto en el que el Paseante se pierde y nada lo obliga sino solamente su inspiración, "como si el solo hecho de torcer a derecha o a izquierda fuera en sí mismo un acto esencialmente poético." (Edmond Jaloux en Benjamin, 2007:439). Pero ¿qué significa ese deambular como un acto esencialmente poético? Representa ante todo el movimiento, el ejercicio crítico, la reconstrucción del mundo, la alquimia necesaria para transformar la percepción en imágenes, en palabras, entonces al "salir de casa como si se llegara de lejos; se descubre un mundo que es en el que se vive". (Pierre Hamp en Benjamin, 2007:441). Un mundo que representa la visión perpleja en el ensayo del Paseante, con la que inaugura de nueva cuenta lo ya sido, reconoce la alteridad en la mismidad, y encuentra en el mundo la realidad fantasmática. Caminar, entonces, como un acto poético, pero también como un acto de resistencia; exponerse, pero también ocultarse, como una forma de poner los ojos en la superficie de las cosas, y con ello en la más profunda intimidad del ser; estar fuera de casa y al mismo tiempo sentirse en casa: "en todas partes; contemplar el mundo, estar estrictamente en el centro del mundo y mantenerse oculto para el mundo." (Baudelaire en Benjamin, 2007:446).

El espacio urbano es vulnerable a la lectura, en ese sentido toda lectura requiere de una "intervención", así como el Paseante interviene en el espacio como si quisiera escudriñar no sólo lo visible sino lo que no aparece o ya no está; es decir, la intervención como crítica a un mundo y sus formas para mejor penetrar lo que está vedado, olvidado, oculto por la demasiada luminosidad de la sociedad moderna. Por un lado, entonces, la indagación del ensayista en los pasajes silenciados por la fuerza mediadora de una ideología consumista o utilitaria de las cosas por la multitud; lo cual desataba la fantasmagoría urbana que Benjamin señalaba como el tiempo en ruinas, como una "arquitectura fenecida, alborotada por desechos mercantiles". (Buck-Morss, 1989:105).

Por otro lado, están los paseos de este autor por París, Berlín, Capri, Nápoles, Moscú y muchas otras ciudades simplemente por el placer de recorrerlas y conocerlas, de aprehenderlas en sus narraciones como percepciones de su sentir y de su memoria; con lo que iba dándose forma, a la manera de un buen artista: "en cuanto se llega, se retrocede a la infancia. Sobre la gruesa superficie helada de estas calles hay que aprender a caminar de nuevo" (Benjamin, 2011:37). Justamente las imágenes narradas funcionaban como una forma epistemológica para acercarse a la realidad, a la experiencia plural de los sentidos que se le develaba en la escritura, para "aprender" nuevamente el arte de pasear, de perderse y estar siempre en dirección única al centro mismo del mundo y de sí mismo.

La capacidad de percibir lo que ha pasado en el "tiempo ahora" por la lectura del esplendor y miseria de la calle, hace que en la ciudad "todas las palabras [...] o buena parte de ellas por lo menos, se vieran en sí mismas elevadas a la nobleza del nombre, revolución del lenguaje producida por lo común a todos, por la calle. La ciudad es un cosmos de lenguaje conformado en los nombres de sus calles" (Benjamin, 2007:291), pero también se crea la otra ciudad que experimenta el Paseante como posibilidad y promesa, como alegoría, es decir como otra forma de expresión y comprensión del mundo.

Cuando Benjamin habla sobre Nápoles no lo hace solamente a manera de crónica para dar luz a los acontecimientos temporales de esta ciudad; justamente lo que recupera es su esencia, su personalidad, y quizá, por ello, lo que nos dice no sea tan distinto de lo que sigue siendo ahora. Al mostrar la arquitectura urbana de Nápoles, el escritor alemán descubre también la forma de vivir de la gente, que todavía podríamos observar: el sentido religioso y comunitario de sus habitantes, y en ello detecta que la existencia privada es el correlato de una intensa vida pública. En esos escenarios "apenas se distingue dónde aún se está construyendo y dónde ya comenzó la decadencia. Porque nada se termina ni se concluye" (2011:27). La vida sigue entre las callejuelas, los rincones, las diversas formas que va cobrando la Ciudad. Nápoles se le asemejaba a una roca porosa, entre cuyos huecos se filtra la devoción y la desesperación; la vida privada y la pública; la luz exterior y la oscuridad interior; la casa y la calle: "así como las habitaciones de la casa se repiten en la calle, con sillas, cocina y altar, así, sólo que, en forma mucho más ruidosa, la calle se adentra en las alcobas" (2011:32). La misma arquitectura urbana esconde entre sus piedras el sentido comunitario, y la gente se orienta no por los números como referencias sino por las iglesias, los negocios, las fuentes, por ello percibe que quien "no comprende las formas, aquí verá poco". (2011:25).

Percibir, comprender y plasmar las "formas" de un lugar es intrínseco del estilo benjaminiano, y quizá de la poética de un Paseante. Como aclara en su libro *Dirección única*, la actividad literaria no puede desarrollarse sólo en el marco de la literatura, esto sería siempre infructuoso: "Para ser significativa, la eficacia literaria sólo puede surgir del riguroso intercambio entre acción y escritura; *ha de plasmar*, a través de octavillas, folletos, artículos de revista y carteles publicitarios, *las modestas formas* que se corresponden mejor con su influencia en el seno de las comunidades activas que el pretencioso gesto universal del libro." (1987:15, el énfasis es mío).

Como el viajero, el ensayista se apropia de la comunidad que visita, pero también de conceptos e ideas, a la manera de un extranjero y se ve obligado a hablar la lengua del otro, en lugar de acumular los elementos de un lugar determinado, como se enseña en la escuela: "leerá sin diccionario", se dejará llevar por los matices y las "formas modestas" del contexto que rodea a las palabras y a las cosas: "piensa en fragmentos —escribe Adorno— lo mismo que la realidad es fragmentaria, y encuentra su unidad a través de los fragmentos, no pegándolos" (Adorno, 2003:23). No se trata de formas caprichosas o anárquicas, sino de que en el objeto de estudio se unan teoría y experiencia. Es la forma crítica por excelencia, pues "quien critica tiene necesariamente que experimentar, tiene que crear condiciones bajo las cuales un objeto se haga de nuevo visible", afirma Max Bense en "Sobre el ensayo y su prosa". Y crear las condiciones para hacer algo nuevamente visible, requiere también de nuevas circunstancias para experimentar y pensar la realidad. Sobre todo, cuando la información y el consumismo saturan fácilmente los sentidos, iluminando todo con la misma intensidad, lo que no necesariamente nos hace visible algo, sino que, paradójicamente, nubla y obstruye cada vez más la mirada que pueda interpelar, notar diferencias y detalles; percibir formas y claroscuros para que las cosas del mundo no se le vuelvan homogéneas y naturales, y, al mismo tiempo, no favorezca la percepción "cotidiana" y "gastada" de la vida urbana, porque ahí:

> donde el ciudadano común no ve más que fenómeno cotidiano, gastado, que parece agotar su significación en su pura presentación como espectáculo en el marco de la metrópolis, Benjamin se esforzó en atravesar el orden accidental de los fenómenos para insinuar –sólo insinuar– las leyes ocultas que rigen la vida cosmopolita y el comportamiento del hombre urbano contemporáneo. (Llovet, 2004:9)

A veces el estar en otra ciudad le servía a Benjamin para ver mejor su propio entorno; en este sentido, Moscú le mostró otra cara de Berlín; adquiría una nueva óptica para ver las cosas, con la que el escritor alemán aprendía a "observar y juzgar a Europa con el saber consciente de lo que ocurre allí" (Benjamin, 2011:35), en Moscú. Con esas contraposiciones dibuja las formas de vida de una ciudad europea como Berlín de la que dice

> es una ciudad sin hombres. Las personas y los grupos que se mueven en sus calles están rodeados de soledad. El lujo de Berlín resulta inefable [...] qué desierto y vacío está Berlín. [...] Las calles de Berlín no conocen esos puestos con trineos, bolsas, carritos y canastos. Comparadas con las calles de Moscú, son como una pista de carreras vacía y recién barrida, sobre la que un grupo de ciclistas corre la carrera de los seis días. (20011:36-37)

Otra de las imágenes que traza en su escritura es sobre la mendicidad, tan presente en Moscú que daba la imagen de una verdadera organización formal, estructurada casi como una institución, y mientras que, a su alrededor, todo parecía cambiar y desplazarse, la mendicidad parecía inamovible, sin alteraciones. Las familias se compenetraban unas a otras, tanto que los mismos vecinos se convertían en parte de esas familias más que la propia; y hasta una sola vivienda podía cobijar a varias: "los hombres soportan vivir allí dentro, porque su forma de vida los hace distanciarse de su casa. Su residencia es la oficina, el club, la calle." (Benjamin, 2011:49). Por ello, en esa sociedad particular del "régimen soviético" estaba abolido el "espíritu hogareño", los "cafés", "el libre comercio", "la inteligencia libre", porque "nada existe sino la función del trabajador en la vida colectiva". Esa sociedad en donde regía el Partido a la cabeza, nos remite también a la filtración de lo público en lo privado, tanto que, incluso, pareciera que la vida colectiva es la que pone a los individuos a su servicio: "a nadie le pesa tanto esta vida como al observador solitario. Soportar esta existencia en el ocio es imposible porque solamente se vuelve bella y comprensible hasta en el más mínimo detalle a través del trabajo" (2011:48); y quien prescinde así de esa vida, "decae espiritualmente como si estuviera preso e incomunicado durante años." (2011:48). Frente a la realidad de esa época en la historia de la Unión Soviética, donde lo común justamente es el valor de la vida colectiva y del trabajo, Benjamin coloca la participación en el espacio público como la experiencia por donde pudiera brotar también la intimidad, el hábito, el hogar. Nos introduce, entonces, en el espacio de la vida colectiva como la realización del individuo.

El ensayista Paseante retorna a lo no visto, y se sumerge en fenómenos políticos desde las construcciones sociales y cotidianas que le muestran otras *formas* de lo humano. Deambula por los márgenes del pensamiento y de los textos, de la naturaleza y la cultura; su territorio es la escritura misma dirigida siempre a la crítica, a la confrontación, al encuentro con ciertas verdades para mirarlas y quebrantar su "solidez". Al detenerse en el gesto y el trazo de lo que ve, reconstruye y hace rodeos oblicuos entre elementos que, en ocasiones, no caben en la lógica discursiva, más bien piensa a contrapelo. Elige una escritura narrativa, ensayística, como género que se interna en los rincones de la cultura moderna, que quiere escudriñar y mirar de *otro* modo y hablar desde *otro* sitio, se manifiesta, así, como un pensamiento crítico a lo instituido como verdad o certeza, como familiar y conocido. Porque ni los tiempos ni los espacios se agotan con la escritura que busca mirar por los quiebres e intersticios; seguir las huellas y los caminos que se esconden en la maleza del paso del tiempo y del olvido; o atravesar las alambradas de las tiranías y los muros de los poderes hegemónicos. Finalmente, escritura de lo que ha quedado en la periferia del pensamiento, para con ella trazar diversos caminos o sentidos que apuntan, quizá, a la invención de una forma estética que configura esa particular manera de pensar la realidad con la escritura: el ensayo del Paseante.

Experiencia humana del espacio y el tiempo del Paseante, que implica el tener un ojo sobre la página y el otro sobre 'lo que le pasa' y, en ese trayecto, el escritor consolida la "tensión dialéctica de su ser: la mirada dirigida ciertamente a la distancia, pero la infatigable preocupación del corazón concentrada en el momento presente." (Benjamin, 2011:74). Una tensión marcada, irremediablemente, por esa cercanía-distancia que crea también, por otro lado, divisiones cada vez más abismales entre centros y periferias de una ciudad, y es en esas fronteras por donde se mueve el Paseante. Un recorrido que, si se dibujara, evocaría, de algún modo, las formas de cualquier ciudad:

> A medida que nos alejamos del centro, el ambiente se vuelve cada vez más político. Se llega a los diques secos, a los puertos fluviales, a los depósitos, a los cuarteles de la pobreza, a los desperdigados asilos de la miseria: *los márgenes de la ciudad*. En los márgenes se dan circunstancias

extraordinarias, son el terreno en el que se *libra ininte-*
rrumpidamente la gran batalla decisiva entre la ciudad y el
campo. [...] Es la lucha cuerpo a cuerpo de los postes de te-
légrafo contra las pitas, del alambre de púa contra las pal-
meras con espinas, de los vahos de niebla que inundan los
corredores malolientes contra la oscuridad húmeda de los
plátanos que crecen en campos calurosos, de las escalinatas
fatigosas contra las laderas imponentes. [...] y, por encima
de todo, el polvo, que aquí se compone de sales marinas,
cal y mica y cuya amargura dura más tiempo en la boca
de aquel que intentó desafiar a la ciudad que el reflejo del
sol y del mar en los ojos de sus admiradores. (2011:90-91)

Si bien en este fragmento, Benjamin nos habla de los su-
burbios de Marsella es claro que nos muestra la imagen de
la conformación del espacio como ciudad. Con otros olores,
otras aguas, otros campos, pero lo cierto es que, al alejarse del
centro, las orillas y los márgenes de cualquier ciudad tienden
a ser habitados por la miseria; extendiéndose cada vez más los
postes y el concreto sobre la planicie y los sembradíos. Los
espacios y los tiempos se entremezclan en la experiencia del
Paseante para constituir y proyectar una determinada forma
de mirar lo que acontece a su alrededor, sin quedarse en una
orilla o en la otra, sin tomar partido por una situación determinada, sin jerarquizar, aprehende en su relato la totalidad de
la imagen, en este caso, del paisaje urbano.

El ensayo de este escritor Paseante, Walter Benjamin, pro-
porciona evidencia de la realidad circundante y hace visible
desde la metáfora y la alegoría su sentido polisémico, resistiendo, o pensando a contrapelo las referencias unívocas de
los conceptos que, a veces, se consideran los generadores de
conocimiento. No se incluye lo que se percibe de una manera
fotográfica o directa, tratando de reflejar un realismo ingenuo
o inmediato, sino quizá como lo hemos venido mencionando,
de manera fantasmática; donde el deambular de la conciencia
genera formas, visiones, cuadros, que el Paseante va reflejando
en sus pasajes por una cotidianeidad que ansía trascender, sin

perder de vista el horizonte que se le insinúa como alcanzable. Deseo de diagnosticar las formas de nuestro mundo presente para saber a qué darle peso en la existencia, en este mundo cada vez menos sólido, cada vez más líquido, que, así como se desvanece, se pierde, se diluye.

El recorrido es fundamental para entender el trabajo crítico de Benjamin, pero también el sentido de su deambular por las ciudades y sus ruinas genera pensamientos y construye alegorías. Como él mismo escribe: "las alegorías son en el reino de los pensamientos lo que las ruinas en el reino de las cosas". Y si podía pensar con alegorías, podía construir con las ruinas, pasajes y caminos, para aprender a perderse, y encontrar en su trayecto gestos, huellas y marcas que le ayudaban a dar *forma* a la realidad, a construirse un destino, a escribir el ensayo.

Leer, entonces, el paisaje, las ciudades, las ruinas y las alegorías como expresiones de la condición humana; recorrer esos espacios como un modo para cultivar la experiencia, como un "método ametódico", que se manifiesta en la vivencia del Paseante, quien, desinteresadamente, sabe perderse en la multiplicidad de caminos con una dirección única: al amor a lo perdido, a lo olvidado, y al centro de su propio laberinto.

FERNANDO PESSOA:
EL PASEO POR SÍ MISMO

Hoy he llegado, de repente, a una sensación absurda y justa.
Me he dado cuenta, en un relámpago íntimo, de
que no soy nadie. (...).
Soy los alrededores de una ciudad que no existe, el comentario, prolijo a un libro que no se ha escrito. No soy nadie,
nadie.
No sé sentir, no sé pensar, no sé querer. Soy una figura de
novela por escribir, que pasa aérea, y deshecha sin haber
sido, entre los sueños de quien no supo completarme.
Fernando Pessoa

Algunos pasajes del *Libro del Desasosiego* de Fernando Pessoa me recuerdan al poema de Hofmannsthal "Balada de la vida exterior"[1], donde la mirada más íntima del narrador, del

---

[1] **Balada de la vida exterior**
Y crecen niños con ojos profundos,
Que nada saben, crecen y mueren,
Y prosiguen los hombres su camino.
Y los frutos acres se endulzan,
Y caen de noche como pájaros muertos
Y yacen unos días y se pudren.
Y siempre sopla el viento, y siempre de nuevo
Percibimos y hablamos muchas palabras
Y sentimos el placer y el cansancio del cuerpo.
Y los senderos cruzan la hierba y hay lugares,
Aquí y allá, llenos de antorchas, árboles y estanques,
Y amenazantes y mortalmente marchitos...
¿Por qué fueron creados? ¿Y nunca
Se asemejan y son innumerables?
¿Qué alterna risa, llanto y palidez?

que mira para contar, se impregna de todo aquello que lo rodea para preguntarse por sí mismo. Como si la exterioridad se disolviera en la mirada, no para difuminarla, borrarla o cancelarla, sino, por el contrario, para convertirla en parte de la propia experiencia; para ser atravesado por ella, y hacerse uno en esa balada, "ser todo, ser ellos y no ellos", como escribe Pessoa. Eso es lo que busca el escritor portugués en su paseo por la ciudad: percibir lo que está ahí, ser el otro, nombrar, porque como dice Hofmannsthal, "¿De qué sirve haber visto a menudo tales cosas? Y, sin embargo, mucho dice el que dice 'anochecer'". Volver, entonces, a reparar en lo ya visto; volver a contar en una interminable yuxtaposición de voces y perspectivas, creando distintas miradas que se manifiestan en la escritura del Paseante: el que percibe y habla; el que escucha y calla. Como lo hizo Pessoa a través de sus heterónimos que, más allá de un ejercicio retórico, convirtió a esos otros en el trabajo creativo, poético y reflexivo que siempre lo distinguió; quizá para concebirse siempre como un otro buscándose a sí mismo.

En efecto, lo que se hace presente, en su ejercicio como Paseante, es la exterioridad volcada en la misma introspección que se desprende de su escritura: "para crear, me he destruido; tanto me he exteriorizado dentro de mí, que dentro de mí no existo sino exteriormente. Soy la escena viva por la que pasan varios actores representando varias piezas." (Pessoa, 1993:51). Esos actores cobran vida en su escritura como las cosas con las que se topa, convocando a la desmesura del ser frente al repliegue de las posibilidades del lenguaje, así escribe Hofmannsthal en la carta de Lord Philipp Chandos a Sir Francis Bacon:

¿De qué nos sirve todo esto, a nosotros y a estos juegos,
Pues somos mayores y eternamente solos,
Al caminar, no buscamos ya objetivo alguno?
¿De qué sirve haber visto a menudo tales cosas?
Y, sin embargo, mucho dice el que dice "anochecer",
Una palabra de la que chorrea melancolía y dolor.

una regadera, un rastrillo abandonado en el campo, un perro tumbado al sol, un cementerio pobre, un tullido, una pequeña granja, todo esto puede llegar a convertirse en el recipiente de mi revelación. Cada uno de esos objetos, y mil otros parecidos, sobre los cuales normalmente el ojo se desliza con natural indiferencia, puede de repente, en cualquier momento, que en modo alguno está a mi alcance suscitar, cobrar para mí un carácter sublime y conmovedor que la totalidad del vocabulario me parece demasiado pobre para expresar. (2008:129)

Y, no obstante, mucho dice el que recoge y nombra, como bien lo supo este poeta y Fernando Pessoa; aunque, en esa famosa carta, Lord Chandos muestra su desencanto por la escritura, al sentir que el lenguaje no le alcanza, o por pensar que con éste empobrecía a la realidad. Se trata, finalmente, del ensayo como el intento por seguir en el camino, en las rutas que van nombrando, notando, anotando, esa realidad que se escapa, como la arena se escabulle de entre las manos; y, sin embargo, existe la sensación de tenerla toda en el puño, así como en el nombre, apenas por un instante que se desliza y transforma en una imagen, en una epifanía.

Ese "método" donde la mirada del Paseante repara en las cosas, se detiene para aprehender al mundo, y todo lo que está a su paso lo convierte en recipiente de una revelación cuyo deslumbramiento no le deja al poeta otro recurso que asumir, expresar y mostrar las posibilidades de esa experiencia. Ambos, parecieran "afectados", ya por el "desasosiego", como lo llama Pessoa, ya por una "parálisis espiritual" como la llama Hofmannsthal, en voz de Lord Chandos, lo que para él era "un don exclusivo de los grandes hombres que han sido atravesados, pero no abatidos, por los peligros de la vida." (2008:121), recuperan, así, la "experiencia" en todos sus sentidos, sobre todo porque esta palabra,

tiene el *ex* del exterior, del extranjero, del exilio, de lo extraño y también el *ex* de la existencia. (...). En alemán experiencia es *Erfahrung*, que tiene el *fahren* de viajar. Y del antiguo alto alemán *fara* también deriva *Gefahr*, peligro y *gefährden*, poner en peligro. Tanto en las lenguas germánicas como en las latinas, la palabra experiencia contiene inseparablemente la dimensión de travesía y de peligro. (Larrosa, 2003:96)

La experiencia se transforma, entonces, con la escritura del Paseante, en una dimensión de travesía y apertura a la exterioridad, para recoger y hacer de todo ello materia narrable; aprehender el ser de las cosas para sumergirse en su extrañamiento, en un incesante despliegue del sentido de la vida misma. En el intento de plasmar ese sentido surge, entonces, el ensayo del Paseante que, en el caso de Fernando Pessoa, se trata sobre todo de *El libro del desasosiego*. Un libro que no lo concibió como tal, como el libro que ahora conocemos, sino que después de su muerte se editó y se configuró a partir de todos sus fragmentos. Quizá por ello se constituye como un texto inacabado, abierto por su condición de inconcluso; por lo cual es posible hacer múltiples lecturas sin un orden particular, como el recorrido del Paseante sin un objetivo para llegar, pero con la convicción de saber perderse y estar atentos a esa otra realidad que se revela en el siguiente pasaje, en el siguiente fragmento.

Lejos de un brincoteo sin sentido o de un picoteo superficial sobre las cosas, la atención del Paseante requiere de la profundidad de quien se recoge y se da tiempo para optar por construir el trayecto que lo lleven de nuevo a sí mismo. Pessoa crea un espacio laberíntico a partir de sus recorridos por Lisboa, que siempre lo dirigen a su propio centro: "La oficina se me vuelve una página con palabras de gente; la calle es un libro" (1993:63) interminable, inconcluso. Páginas, calles y palabras que descubren el trabajo solitario del escritor, o mejor, el oficio del Paseante melancólico: buscador de sí mismo en todo aquello que lo rodea, es decir, el que es capaz de percibir la realidad porque intuye que algo de sí mismo está ahí, también, plasmado. Por ello todo le significa, le mueve, le trastoca, porque todo le habla y lo expone al abismo de lo humano. No en balde de ese libro "chorrea melancolía" y desasosiego: "Por eso siento, si pienso con esta sensación, una ternura informe e inmensa por toda la humanidad, por toda vida social y durmiente, por todos, por todo." (Pessoa, 1993:62). Sugiere acaso ¿sentir con el pensamiento, pensar con la sensación? ¿No son dos aspectos de la vida humana que se nos han ido distanciando cada vez más y más, abriendo entre ambos un abismo insondable, en el que, acaso, la escritura del Paseante, nos sumerge con su vertiginosa mirada?

Obra que surge de la experiencia vital como creación arquitectónica para "habitar" el espacio y el tiempo: el territorio existencial de Pessoa que lleva al lector por caminos y calles con las que dibuja todo un universo interior. Su escritura traspasa las descripciones para "mostrar" los objetos, las calles, las situaciones o los acontecimientos, creando una atmósfera fantasmática capaz de involucrarnos en el drama de la condición humana a partir de pequeñas e insignificantes cosas. En esa gran constelación de imágenes, sonidos, gestos, ideas, sueños y detalles conviven la ruindad y la grandeza: la conmoción de la experiencia humana que, al penetrar en sus recovecos y bifurcaciones, el lector no puede sino sentir también desasosiego. Y de algún modo, ser tocado por esa "parálisis espiritual" provocada por la conciencia insondable de lo humano, por la crítica férrea del lenguaje y de sus formas, y al mismo tiempo sentirse parte de la travesía del escritor.

Vivimos, en cambio, tiempos donde cualquier incidente o peligro abaten al caminante, ofuscando su pensamiento, expandiendo sus temores; silenciado, la mayor de las veces, por experiencias cada vez más empobrecidas; distanciado y ajeno a sí mismo, perdido en una confusión y una maraña de signos que ya no sabe interpretar o leer, y que poco le sugieren para proyectar otros caminos. Pues lo que busca en realidad, ese caminante "urbano", "moderno" es protegerse y asegurar su trayecto sin "distraerse" por lo que pasa frente a él.

Pareciera que, ese caminante siempre con prisa, es movido por la muchedumbre, por el enjambre que lo impulsa, que lo lleva ya sin pensar y, menos aún, sin percibir las bifurcaciones de su destino, aterrorizado por el monstruo que lo espera en el centro desconocido de sí mismo. Parecido más al "hombre de la multitud" de Edgar Allan Poe, un hombre atemorizado, que siempre está huyendo de sí mismo, hundido en la desgracia de no poder estar solo. Muy alejado de la soledad y la inquietud que mueve a Fernando Pessoa, sostenido en una interminable escritura, de su poesía, pero sobre todo de su *Libro del desasosiego* que, a la manera de un cuaderno de la *notación,* como quería Barthes, se convierte quizá en un deseo incesante de una "novela por escribir". Se trata de innumerables fragmentos que pueblan sus idas y venidas, muchos inspirados en sus paseos y caminatas por la ciudad de Lisboa; pasajes que tienen que ver con el universo espacial y temporal que su realidad le mostraba, conformando así una especie de fresco o mosaico de la vida humana. Muchos de sus personajes son seres comunes, transeúntes que van y vienen, y quedan atrapados en la mirada y en la narración del Paseante. Todos ellos parecen "convictos de su vacío radical, afirmados en su anónima dignidad, conscientes de su desmesurada intrascendencia, habitan un mundo en descomposición, zozobrante, crepuscular, anclado en el vacío y en la desesperanza" (Moya en Pessoa, 2010:9).

Ese vacío, desesperanza, parálisis o desasosiego se convierten en potencia que revela la existencia vertida en la literatura; en un libro que no es ni novela, ni autobiografía, ni ensayo, ni diario y, al mismo tiempo, es todo ello. Fuera de todo género inaugura quizá la manera de contar de otra forma la historia de las existencias, no de un individuo en particular ni siquiera de sí mismo, sino de la experiencia de lo humano, imposible de concluir en una historia. Por ello, se requiere de la mirada obligada del lector para seguirla construyendo y continuar escribiendo el relato de la experiencia del espacio y el tiempo, donde el Paseante encuentra eso que Roland Barthes llama "incidentes". Es decir, no se trata de aventuras ni siquiera de accidentes, sino de incidentes, una palabra más tenue, menos fuerte que el accidente, "(pero tal vez más inquietante) es simplemente lo que cae dulcemente como una hoja sobre el tapiz de la vida, es ese pliegue ligero, fugitivo, aportado a la trama de los días, es lo que apenas puede ser notado: una especie de grado cero de la notación, justo lo que hace falta para poder escribir alguna cosa." (Barthes,1987:226). Esos pequeños asuntos y entramados que construyen el tapiz de la vida y del ensayo, van también moldeando una actitud frente al mundo, una posición frente a la realidad, una forma de conocer y aprehender el ser de las cosas que rodean al escritor. El Paseante ensaya con todo lo que mira; recoge y nombra para volver a dar vida, para reconstruir la historia de éste, de aquel, la historia incesante de los otros que son él mismo.

Fernando Pessoa le da a Bernardo Soares (uno de sus heterónimos), auxiliar contable de una firma de la *Baixa lisboeta*, el crédito como autor de este libro, en el que Pessoa pareciera, entonces, el personaje principal y la ciudad su escenario. Un heterónimo más o un semi-heterónimo, no importa, lo que sí parece claro, es que el personaje que anda por ahí entre calles, caminos, bifurcaciones, parques y cafés, es el mismo Pessoa que busca quebrantar las cosas que se ven comúnmente para mostrar pequeños "relampagueos" que dejan aparecer visos de las formas humanas. Mirada "invertida" como condición misma de una existencia que quiere ver lo que hay detrás de lo visible y perderse en la búsqueda y la perplejidad que lo llevan a vislumbrar lo imposible:

> El sueño que nos promete lo imposible ya nos priva con eso de ello, pero el sueño que nos promete lo posible se entromete en la propia vida y delega en ella su solución. Uno, vive exclusivo e independiente; el otro, sometido a las contingencias del acontecer. Por eso amo los paisajes imposibles y las grandes zonas desiertas de las llanuras en las que nunca voy a estar. (1993:57)

Sin embargo, Pessoa lo sabía bien, la cotidianeidad está sometida a las contingencias de ese acontecer, pero en su quehacer artístico y su mirar poético captaba lo fantasmático que hace señas de algo más. Escenas e imágenes, acopio de fragmentos que muestran la radical alteridad que está en todo lo que se ve. El escritor altera su entorno para fracturarlo, resquebrajarlo y reconstruir una narración fundida, con-fundida, con otros, con lo otro. Fragmentos que no parecen tener un sentido definitivo y único, más bien, se trata de una incesante construcción, como un proceso sin final, porque la condición misma de este libro, como parece serlo del *sí mismo*, es su propia forma inconclusa, que no termina sino con la muerte.

En el prefacio del *Libro del desasosiego*, Fernando Pessoa habla de cómo imaginó a quien sería el autor de este libro, su heterónimo Bernardo Soares. Sería un hombre que frecuentaba también el restaurante en el que Pessoa acostumbraba comer. Así, en la imagen solitaria del escritor portugués comiendo en algún café de la *Rua dos Douradores*, también se ve al "hombre que aparentaba unos treinta años, magro, más alto que bajo, encorvado exageradamente cuando estaba sentado, pero menos cuando estaba de pie, vestido con cierto descuido no totalmente descuidado" (1993:27); que sabía de la revista *Orpheu*, fundada por Pessoa y Mário de Sá-Carneiro en 1915, y que muy pocos conocían. Una revista que rompió con las tradiciones literarias de su tiempo y con la que Soares estaba familiarizado; un hombre, Bernardo, que solía pasar las noches en su cuarto escribiendo, como lo hacía Pessoa. Así, en un entramado de ficción y realidad, el libro se muestra como un laberinto de posibilidades, de espacios invertidos que confrontan a sus protagonistas con la búsqueda y la errancia por los territorios que trazan también los contornos de la existencia.

El Paseante se da tiempo para esa "meditación indefinida" con la que va edificando el cauce de su escritura; y, del mismo modo, sus incesantes paseos y recorridos por la ciudad de Lisboa se erigen como una larga travesía. De hecho, este libro ocupó al poeta portugués durante casi toda su vida, desde 1912 hasta casi el año de su muerte en 1935. Y justamente el libro comienza ubicando al lector en la recreación de esa atmósfera y escenario en donde muchas escenas parecen cobrar vida:

> Hay en Lisboa unos pocos restaurantes o casas de comidas en los que, encima de una tienda con hechuras de taberna decente, se alza un entresuelo que tiene el aspecto casero y pesado de un restaurante de ciudad pequeña sin tren. En estos entresuelos poco visitados, excepto los domingos, es frecuente encontrar tipos curiosos, caras sin interés, una serie de apartes en la vida. (1993:27)

Trayecto que comienza de su casa a la oficina, desviándose, dibujando esos caminos que lo conducían a su encuentro con las cosas y la gente. Como sucede cuando, caminando por las calles, se topa con aquel extranjero que,

> cantaba, con una voz muy suave, una canción de un país lejano. La música volvía familiares a las palabras desconocidas. Parecía un fado para el alma, pero no tenía con él ninguna semejanza. La canción decía, con las palabras veladas y la melodía humana, cosas que están en el alma de todos y que nadie conoce. Cantaba él con una especie de somnolencia, ignorando con la mirada a los oyentes, en un pequeño éxtasis callejero. La gente reunida le oía sin gran zumba visible. La canción era de todo el mundo, y las palabras hablaban a veces con nosotros, secreto oriental de alguna raza perdida. *El ruido de la ciudad no se oía si le oíamos*, y pasaban los coches tan cerca que uno me rozó el faldón de la chaqueta. Pero lo sentía y no lo oí. Había una absorción en el canto del desconocido *que le hacía bien a lo que en nosotros sueña o no consigue*. Era un acontecimiento callejero, y todos nos fijamos en que el policía había doblado la esquina despacio. Se acercó con la misma lentitud. Se quedó parado un rato detrás del chico de los paraguas, como quien ve algo. En aquel momento, el cantor se detuvo. Nadie dijo nada. Entonces intervino el policía. (1993:55)

En una escena tan callejera, Pessoa nos muestra el instante apenas en que, con la música de un país lejano, los espectadores se abstraen del bullicio de la ciudad para hacer de ello "un acontecimiento". Una instantánea que muestra la extrañeza de la empatía, de la unión, de la comunidad que crea la música a pesar de ser ajena y desconocida para la gente que escuchaba. La imagen parece contener esa indiferencia por el otro, pero que de pronto al reunirse unos y otros sin conocerse, y con el mismo objetivo: escuchar la música, hace que todos los presentes, de ese cotidiano concierto callejero, compartan de cierto modo, en ese instante efímero, el sentido de la perfecta comunión y sintieran algo que les "hacía bien". Pero ese "otro" que es el cantor, también es el extranjero, quien, frente a la mirada del policía, parece amenazar el "orden" del espacio urbano. Esa tensión entre el miedo que genera la presencia autoritaria y la conexión que se establece alrededor de la música, escena tan pasajera como eterna, atrapa la atención y, por tanto, la pluma del Paseante. Ensayo constante por comprender las sempiternas formas de vidas que, casi siempre, parecen las mismas.

Pessoa capta la esencia del cuadro de la vida, del quehacer cotidiano y diario, del trajinar de la gente y su esforzada entrega a sus deberes, de su obsesivo paso por los mismos lugares, de lo que seduce y amenaza a las personas; finalmente, de lo que las conmueve y las violenta. Imagen viviente que revela también la "monstruosa degradación de la condición humana". Incidentes o escenas callejeras que lo llevan a rebelarse, entonces, "contra la uniformidad", "contra la alienación", "contra el escapismo social", "contra el poder": "observando el mundo como si lo viese por vez primera, construyéndolo y deconstruyéndolo, creándolo cada vez a la medida de su soledad y de su angustia, sabiéndolo a punto de derrumbarse" (Moya en Pessoa, 2010:10). *Como si* estuviera escribiendo la novela de la condición humana: escribir lo que permanentemente está cambiando, pero parece detenido por el tiempo; lo que aparentemente acabó, pero algo sigue renaciendo de esa raíz que conforma la realidad.

Encontrar lo nuevo en lo mismo, es lo que parece percibir en las vidas monótonas de los transeúntes, de las personas comunes y corrientes; así como el Paseante puede pasar por las mismas calles, los mismos rumbos en la misma ciudad; cuando llega a vaciar su imaginación literaria en la escritura del ensayo, se da cuenta de que hay que "monotonizar la existencia, para que no sea monótona. Tornar anodino lo cotidiano, para que la más pequeña cosa sea una distracción, porque

> Sabio es quien monotoniza la existencia, puesto que entonces cada pequeño incidente tiene un privilegio de maravilla. El cazador de leones no tiene aventuras más allá del tercer león. Para mi cocinero monótono, una escena de bofetadas en la calle tiene siempre algo de apocalipsis modesto. Quien no ha salido nunca de Lisboa viaja al infinito en el tranvía cuando va a Bemfica y, si un día va a Cintra, siente que ha ido a Marte. El viajero que ha recorrido toda la tierra, de cinco mil millas en adelante no encuentra novedades, porque sólo encuentra cosas nuevas... (1993:69)

Quien mejor que Pessoa para hablar de la monotonía de una vida, para siempre encontrar novedades sin tener cosas nuevas. Muchos años siguió el ritmo del hombre burócrata, que va de la casa al trabajo y del trabajo a casa, para trabajar como traductor en distintas oficinas o casas de comercio en Lisboa; pero ello no le empobreció su imaginación literaria, por el contrario, lo impulsó a que sus paseos fueran el verdadero ejercicio de su escritura, y ésta la posibilidad de ser otros, de sentir, de ver, de concientizar; como escribe su heterónimo Alberto Caeiro: "Esto siento y escribo con perfecta conciencia y sin dejar de ver", o como escribe en el *Libro del desasosiego*: "para que dé completa exterioridad a lo que es interior". Así, el paseo es para Pessoa la posibilidad de ser otros al tiempo que se sabe él mismo; la apertura a la exterioridad al tiempo que se adentra en sí mismo.

Una escritura ligada a la movilidad, a la búsqueda, al viaje de un hombre que piensa al caminar y construye con la marcha. Pensar es ya ensayar, pasear en otras dimensiones, crear y, quizá, inevitablemente, como sugiere René Char, crear es ya excluirse. Y nadie como Pessoa para poner en acto esa idea, quien vivía como una "especie de personaje autoexcluido, marginal" (Moya en Pessoa, 2010:10). Porque, en ese sentido, es justamente el escritor el que tiene que marginarse, excluirse y con ello reconstruir su propio mundo circundante. Su existencia, marcada por el movimiento, hacen de su vida y obra un emblema de la intimidad, de lo subversivo, de la negación y lo *invertido* en el sentido del que habla Maurice Blanchot: de que la obra de arte sea justamente aquello que no se subordina al mundo, sino que participa de su alteridad. Una alteridad encarnada en el mundo fantasmático, habitado también por sus heterónimos. Un mundo que supo leer y escribir, hacer suyo a partir de la experiencia del acto creativo, de la mirada atenta, de la conciencia de la escritura. Pues cuando su propio mundo personal no le alcanzaba, recurría a la creación de otras miradas, de otros personajes, de sus heterónimos, que lo acompañaron en esa ardua tarea: "Soy como una habitación con innumerables espejos fantásticos que se deforman en reflexiones falsas para formar una única anterior realidad que no está en ninguna y está en todas" (Pessoa, 1993:181).

El escritor portugués recorra las calles de Lisboa como quien busca el material necesario para sobrevivir, y en ese andar retoma una cotidianeidad, que pareciera escaparse de las manos, de la mirada y la conciencia de quienes la viven:

> Bajando hoy por la Calle Nueva de Almada, mi fijé de repente en la espalda del hombre que bajaba delante de mí. Era la espalda vulgar de un hombre cualquiera, la chaqueta de un traje modesto en una espalda de un transeúnte ocasional. Llevaba una cartera vieja bajo el brazo izquierdo, y ponía en el suelo, al ritmo de ir andando, un paraguas cerrado, que cogía por el puño con la mano derecha. Sentí de

repente por aquel hombre algo parecido a la ternura. Sentí en él la ternura que se siente por la común vulgaridad humana, por lo trivial cotidiano del cabeza de familia que va a trabajar, por su hogar humilde y alegre, por los placeres alegres y tristes de que forzosamente se compone su vida, por la inocencia de vivir sin analizar, por la naturaleza animal de aquella espalda vestida. (Pessoa,1993:61-62)

¿En qué dimensión se mueve, entonces, el Paseante escritor cuando camina por la ciudad?, no solamente es parte de una colectividad o un sujeto aislado; no pertenece a la muchedumbre o se conforma con ser un miembro más de la sociedad, es todo eso, pero también es quien aspira cada vez más a "ser", a reconstruirse con todo aquello en lo que posa su mirada para contemplar, indagar, cuestionar y encontrar caminos hacia lo más elevado y lo más abyecto de la realidad humana. Se trata de la mirada del artista como una mirada desinteresada, aquélla de la que hablaba Maurice Blanchot, que tiene que ver con la experiencia de la muerte porque

ver como es debido es esencialmente morir, es introducir en la visión esta *inversión* que es el éxtasis y que es la muerte. Esto no significa que todo se hunda en el vacío. Al contrario, las cosas se ofrecen entonces en la fecundidad *inagotable del sentido que nuestra visión habitualmente ignora*, ella, que no es capaz sino de un solo punto de vista. (1992:141, énfasis mío)

Con esa cercanía distante, mostrada en su escritura, hacia los otros y hacia el mundo, Pessoa camina, movido por una irremediable necesidad de comprender y construir sentido a ese mundo que estaba fuera de él mismo, pero también aquel que lo abarcaba hacia adentro de sí. Desde esa sustancial individualidad se adentra en el laberinto social y colectivo, para contemplar e involucrarse cuerpo a cuerpo, pero también para atravesar y experimentar ese mundo que persistía en alejársele. Su mirada reposa en su amada Lisboa, una ciudad en la que cada lector puede descubrir su propio universo; sus pasos recorren las huellas trazadas por el paso del tiempo en un espacio que se le revertía como un mundo otro a la espera de ser conocido: "Ahora, a la luz amplia y alta, el paisaje de la ciudad es como de un campo con casas —es natural, es extenso, es combinado. Pero aun en el ver de todo esto, ¿podré yo olvidar que existo? Mi conciencia de la ciudad es, por dentro, mi conciencia de mí" (Pessoa, 1993:106).

Pareciera inevitable la soledad, la mirada, la conciencia de sí, el paseo y la escritura para poner en evidencia los signos, los rostros de lo demasiado humano, los dolores de la existencia y el misterio que lleva en sí misma. Un entretejido entre espacio urbano y espacio literario, en el que ya no es ni la ciudad única, ni el libro único, sino el "anti-libro", como llama Richard Zenith al *Libro del desasosiego*, "el libro en potencia, el libro en plena ruina", o el libro que está por escribirse en "los alrededores de una ciudad que no existe"; quizá el libro o la ciudad proyectada por la potencia del desasosiego.

La mirada del artista en su trayecto, en su obra, nos recuerda, incesantemente, que errar no significa, separadamente, equivocarse y caminar de un lugar a otro sin un motivo determinado; sino que ambos sentidos nos llevan a adentrarnos en "eso" que somos: "No soy nadie, nadie. (...) Soy una figura de novela por escribir". No cabe duda de que Fernando Pessoa ha sido y seguirá siendo esa figura de novelas que se han escrito, y de otras que estarán por escribirse. Lo cierto es que muchos de los fragmentos que conforman el *Libro del desasosiego* parecieran paseos por la vida exterior, por los barrios de Lisboa, pero también por los rincones de la intimidad del poeta portugués que fue tantos, pero fue también aquel sabio del que habla otro de sus heterónimos Ricardo Reis, "sabio es quien se contenta con el espectáculo del mundo". Porque Pessoa supo acercarse a ese "espectáculo", supo contemplarlo, recoger su ruido y su furia, pero fue más allá porque el "espectáculo del mundo" le pasaba, le tocaba, le afectaba y por ello podía escribir. La personalidad de Pessoa parecía contenida (contentar, contener, mantener dentro) en sus sentimientos y emociones, lo que es una forma de "contentarse", de abrirse al mundo y contemplarlo. De ahí que esa sabiduría, ese "contentamiento" no es sólo una aceptación resignada de la realidad, sino de aceptación porque conoce la realidad y por eso la recibe, la mira, la aprehende y la comprende. Acercándose, recorriendo el espectáculo, paseando a su alrededor, para luego alejarse y distanciarse de ese ruido, cuando se aislaba en el silencio de su escritura. Ahí en el café al que acostumbraba ir, o en la habitación donde comenzaba el recorrido para seguir imaginando otros rumbos. Por ello no le hacía falta viajar o desplazarse continuamente, ni siquiera tener otro tipo de trabajo menos monótono, pues todo estaba en él mismo, y su novedad y riqueza las demuestra con estilos literarios tan diferentes, con otras vidas alternas que pudo crear con sus heterónimos. Así, escribe:

> ¿Qué es viajar, y para qué sirve viajar? Cualquier ocaso es el ocaso; no es necesario ir a verlo a Constantinopla. ¿La sensación de liberación que provocan los viajes? Puedo tenerla al salir de Lisboa hacia Benfica, y tenerla con más intensidad que quien va de Lisboa a China, porque si la liberación no está en mí, no está, para mí, en ninguna parte. (Pessoa,1993:283).

Fernando Pessoa terminó el paseo, el viaje y su vida concentrado en ese gran universo que es la propia interioridad, y puso punto final en su último escrito o paseo por sí mismo.

HENRY DAVID THOREAU
Y LA SOLEDAD DEL PASEANTE

Os conjuro a no asustaros: no albergo el propósito de relega-
ros a un claustro. La soledad de que se trata consiste menos
en cerrar vuestra puerta y quedaros en vuestro apartamento
que en sacar a vuestra alma del bullicio, y salvaguardarla de
las pasiones ajenas que le asaltan a cada instante.

Rousseau

Si hubo un Paseante escritor que ahondó en la convivencia
consigo mismo, con su realidad y con la naturaleza fue Henry
David Thoreau. Probablemente poco conocida la trayectoria
de este escritor, pensador, "filósofo de la naturaleza", nortea-
mericano, que vivió de 1817 a 1862, y aunque parecen pocos
años, tuvo una vida con mucha intensidad interior, pero también política, filosófica y literaria, que pudo plasmar en varios
de sus libros. Buscó la soledad para vivirla no como aislamiento, lejano a los problemas de su época, sino como el manantial
por el que fluían sus ideas, pasiones e intereses; alejado, sí,
del bullicio, del parloteo y la compañía en demasía, de la que
pensaba que no era necesario pasar tanto tiempo con alguien
para que una vida aflorara o comunicara más. En suma, buscó,
recogió y tomó la palabra, con ella fue tejiendo su propia voz
y su postura. Construyó una poética con su forma de vida, encaminada a ser la hacedora de su propio espacio y su destino.

Su escritura ensayística se convierte en testimonio de lo que
realmente le interesaba: la conquista de la libertad como individuo, pero también como ser social. Su libro *Walden o la Vida
en los bosques* comienza con las siguientes palabras:

> Escribí estas páginas, en su mayor parte, cuando vivía solitario en el bosque, a kilómetro y medio del poblado, en una casa que yo mismo construí, en las orillas del lago de Walden, en Concord, Estado de Massachusetts. Allí pasé dos años y dos meses, ganándome el sustento con el trabajo de mis manos, exclusivamente. (2005:9)

Inserto en esa forma de vida, Thoreau ya desdibuja lo que para él será la vida solitaria, la naturaleza, la autonomía y la escritura. Entreteje todos esos elementos con su actividad como parte de su trabajo: el paseo. Y en el trayecto de sus travesías reflexivas y sus andanzas observadoras, al final del día, en su cabaña, componía la sinfonía de aquellos movimientos que sacudían su cuerpo y su espíritu. Inventando y creando los nombres a ese nuevo estado que él mismo experimentaba y descubría, la soledad:

> Creo provechoso estar solo la mayor parte del tiempo. Me gusta la soledad. No hay mejor acompañamiento que el suyo. Muchas veces nos sentimos más aislados en medio de los seres humanos que recluidos en nuestras habitaciones. Un hombre que piensa y trabaja está siempre solo, dondequiera que se halle. La soledad no se mide por la distancia que separa a un hombre de su prójimo. (2005:134)

Así como hace explícito que "un hombre que piensa y trabaja está siempre solo", también lo hace cuando habla de la compañía, la sociabilidad e incluso la responsabilidad que el individuo tiene con los otros. No es que desdeñe la relación con los otros, sino que asume la escritura como una manera esencial de comunicación, pues sabe que la actividad pensante, la meditación y contemplación, requiere de la soledad para ir construyendo lo que sigue después de sus andanzas: el ensayo. Poco a poco va descubriendo la manera de organizar su vida en soledad, y se va percatando de la necesidad de los paseos y experiencias en el bosque para expandir cada vez más su conciencia y conocimiento del mundo. Una actividad que considera un trabajo tan íntimo y cuidadoso como la proyección y deseo de hacerse cargo de su destino hasta que llegue su muerte: "Fui a los bosques porque deseaba vivir con plena conciencia, arrostrar únicamente los hechos esenciales de la vida, y ver si era capaz de aprender todo lo que ella tenía que enseñarme; no fuese a descubrir, al llegar la hora de la muerte, que no había vivido." (2005:95). Seguía el precepto ciceroniano, recogido por Michel de Montaigne, de que "filosofar es aprender a morir", y en ello centraba toda su existencia, porque sabía que ese aprendizaje era lo mismo que saber vivir. En un cernir, discernir, separar lo esencial de lo banal, en un riguroso registro avalado por la observación y la reflexión, pasaba, finalmente, a su escritura; para plasmar en ella su espacio-tiempo en el bosque, con lo cual generaba, necesariamente, otra manera de habitar y, por tanto, de que su crítica a las formas tradicionales de vivir se hiciera más férrea y profunda.

Para Thoreau el paseo solitario no significaba, entonces, estar separado o aislado de los otros, sino que ahí se le abría, en toda su complejidad, la posibilidad para descubrir los potenciales de la naturaleza y comprender mejor la realidad; en medio del bosque y en el centro de sí mismo, sus "pensamientos tenían tiempo para enraizar y desarrollarse" (2005:132), y para seguir reconociendo y edificando, a la manera de un carpintero o de un leñador, su propio espacio para vivir. ¿De qué, se preguntaba, queremos vivir cerca? Él estaba seguro que no era de donde se congrega la mayoría de los hombres, sino cercano a "la fuente perenne de nuestra existencia"; es ahí donde "el hombre avisado cavará su sótano...", pero no para refundirse, dormirse, olvidarse o terminar por morir en vida, sino para encontrar el lugar, donde sea que éste fuere, y buscar esa "perspectiva de despertar o volver a la vida al hombre muerto", pues es eso lo que hace "indiferente todo lugar y tiempo" (2005:133).

Sabía que, ciertamente, no era necesario irse al bosque para descubrir o despertar algo de la propia interioridad, pues esto podía ocurrir en cualquier sitio; aunque sí percibía necesaria la soledad para crear o inaugurar con ella, su propio espacio como condición de hacerlo habitable y no sólo visitable: "cuando nuestras vidas dejan de ser íntimas y privadas, la conversación degenera en habladurías. (...) Nos podríamos avergonzar de contar las cosas que oímos o leímos en un día. No sé por qué nuestras novedades tienen que ser tan triviales, si nuestros sueños e ilusiones no lo son". (2016:15). En efecto, para él la vida en el bosque fue, en mucho, la condición que lo alejaba de una vida pobre que se conforma con la "novedad" de la información, que tan sólo tiene un breve instante de vida. En cambio, buscaba acercarse a vivir la "novedad" como el acontecimiento capaz de concentrar la fuerza de lo vivido para seguir desplegándose en la narración de su ensayo. Así, el escritor Paseante recupera esa novedad pues "todo el verano y parte del otoño los pasaste sin periódicos y ahora te das cuenta que fue porque todo el día estaba lleno de novedades y había suficientes acontecimientos en tus paseos" (20016:16).

Escogió la soledad en el bosque para su propia exploración, una indagación que lo llevaba a vivir "deliberadamente, enfrentándome únicamente a los hechos esenciales de la vida". (2005:95). Ese método lo llevó a advertir la forma de cómo el ser humano aprende, conoce, investiga y, con todo ello, confronta la manera como somos educados, como aprendemos y conocemos, como pensamos y leemos. En una época en que todavía no había tantos distractores (televisión, internet, celular) a veces necesarios, pero, otras veces, nos llevan a un mero picoteo, parloteo y lectura superficial; también Thoreau veía venir el exceso de trabajo y el ajetreo de las ciudades, que hacían vivir de prisa y preocupados por la falta de tiempo, demasiado "ocupados" para dedicarse a ese cultivo que requiere la interioridad del individuo. En el capítulo "Caminar" de su libro *Walden*, el Paseante escritor, retoma el significado profundo de su inquietante e inquisitiva observación de la naturaleza:

Espero que seamos más imaginativos, que nuestros pensamientos sean más claros, más frescos y más etéreos, como nuestro cielo; nuestros conocimientos más amplios, como nuestras praderas; nuestro intelecto, en términos generales, de una escala mayor, como nuestros truenos, nuestros relámpagos, nuestros ríos, montañas y bosques; e incluso que nuestros corazones se correspondan en amplitud, profundidad y grandeza con nuestros mares interiores. (2005:345)

Con esa bella analogía, Thoreau renueva y refresca esa "razón" cada vez más árida, o este "corazón" cada vez más frío que, en muchos sentidos, podemos reconocer en las formas de pensar y sentir de nuestro contradictorio, compulsivo, superficial y apurado siglo XXI. Sabía que sólo "compenetrándonos y empapándonos de la realidad que nos rodea, seremos capaces de captar cuanto existe de noble y sublime". Leyendo sus libros descubrimos, paradójicamente, que, en la soledad de su vida en el bosque, pudo ver y sentir mejor la realidad del mundo al sumergirse en su mar interior, acercándose a los problemas y condiciones, que la vida social implica y despierta; mucho más, incluso, que cuando vivió en la ciudad. Sabía que la "vida ciudadana es millones de seres viviendo juntos en soledad", pero que si el individuo no sabía vivir consigo mismo en esa soledad, la convivencia con los otros decaería, justamente, en hacinamiento, degradación, violencia, finalmente se convertiría en una falta de respeto no sólo a la propia vida sino a la vida de los otros. Pues en aquello que más nos importa, "no piense que dispone de compañeros de viaje. Dese cuenta de que está solo en el mundo" (2012:19), así le escribía a su amigo Harrison G. O. Blake.

Le parecía que el ser humano, atareado y distraído, deja que "circunstancias pasajeras y marginales solamente determinen nuestras ocasiones" (2005:122). ¿Acaso no podemos tener nuestros propios pensamientos y contentarnos con ello?, se preguntaba Thoreau en medio de la soledad del bosque, en la oscuridad de la noche, en el epicentro de la tormenta que acompañaba sus pensamientos. Es en sus paseos, acompañado sólo por la implacable naturaleza, donde los sentimientos afloran, donde el pensamiento se renueva, y la escritura se le presenta como el recurso para dar forma. Ordena todos esos elementos en una constelación de imágenes, de ideas, en una conexión incesante con su realidad y con el mundo, y así, concluía: "Llevamos a veces una pobre vida porque nuestra visión no va más allá de la superficie de las cosas. Creemos que éstas son lo que aparentan ser." ¿Nos hemos olvidado, acaso, de que el tiempo de la exploración y la introspección de nosotros mismos, es también el principio de la iniciación para dejar de llevar una pobre vida, resignada a quedarse en la apariencia de las cosas?

Con sus paseos, Thoreau nos recuerda de esa capacidad cada vez más olvidada de elevar nuestra propia humanidad: "No conozco ningún hecho más inspirador que la incuestionable capacidad de un hombre para elevar su vida mediante un esfuerzo consciente". Esa conciencia del propio esfuerzo por alcanzar y buscar algo más allá de los prejuicios políticos y sociales, lo llevaban no solamente a hablar sobre la igualdad, la libertad y la dignidad (sobre todo su lucha por abolir la esclavitud de su época; por la explotación y la desaparición de los indios; al mismo tiempo que apelaba por la búsqueda de los derechos de las mujeres; evitaba la tala de árboles, etc.) sino que esto era parte de su forma de vivir, de sus acciones con los otros, de sus aspiraciones, pues acaso, como él mismo escribe: "un hombre que aspira a algo sin descanso ¿no se siente ya elevado?" (2012:17). Y ese deseo de elevación, en su propia humanidad, es la que se deja ver en muchos de sus ensayos, lo que se traduce en la aspiración de una vida más humana, no sólo como individuo, pues sumergiéndose en la hondura de sus mares interiores, trabajaba también para ver ese sentido elevado de humanidad en la sociedad que se estaba construyendo, a pesar del industrialismo y el progreso, que veía venir, sin poder darle marcha atrás.

Por ello, apelaba aún con más fuerza y con el poder que, sabía, tiene la palabra, a que la vida del individuo estuviera cada vez más hermanada con su pensamiento y su acción, para abrir el campo de las posibilidades existenciales y los horizontes del trabajo; encaminados a una vida más digna, más plena y más bella. Estaba convencido de que "lo que puede expresarse con palabras puede expresarse con nuestra vida". La escritora inglesa, Virginia Woolf, vio en Thoreau no un ermitaño misántropo que intentaba esconderse de la sociedad en el bosque, sino un rebelde "noble" que intentaba enseñar a su prójimo "su filosofía única sobre la vida a través de sus escritos y acciones". Eso era lo que importaba en la vida de Thoreau.

Una vida de la que era consciente por su escritura, por su observación y reflexión, y desde su mirar filosófico y su deseo de elevarse por sobre las cosas superficiales, erigir una "vida sublime" y, con ello, habituarse a otra forma de vivir, pues sostenía que "la mente puede ser profanada constantemente con el hábito de considerar cosas triviales, de modo que nuestros pensamientos se impregnan de trivialidad" (2016:18). Y si imagináramos a un ser sumergido en la trivialidad del día a día, en la banalidad y el exceso de trabajo, que el mismo Thoreau criticaba y exponía sus consecuencias, inmerso en el barullo y la turbación de las multitudes, ¿qué sería de este ser olvidado de sí mismo?, infectado por "ese gran mal de no poder estar solo", como se leen las palabras de La Bruyere. Para Thoreau ese mal era también el que propiciaba en el ser humano la banalidad y la superficialidad.

Más allá de su idea de "desobediencia civil" y su resistencia a los poderes políticos, manifiestos en otros de sus libros, su idea de independencia era fundamental porque aludía a la propia independencia, a hacerse cargo de la propia vida y de la realidad. Como si descubriera en ese tiempo de paseos en soledad y de pura autosuficiencia, lo que él podía, lo que quería; pero también lo que implicaba la vida con los otros. Por ello, ponía sobre la mesa los conflictos de la convivencia humana, haciendo a un lado aquellos encuentros creativos y serenos, auténticos, de los que, obviamente, amaba y disfrutaba. Sin embargo, su realismo perspicaz y agudo, le hacía decir sin tapujos que,

> por lo general, el trato de los humanos tiene muy escaso valor. Nos reunimos a breves intervalos, sin tiempo para adquirir nuevos motivos de recíproca estimación. Nos juntamos a las horas de las comidas, tres veces al día, para darnos a catar unos a otras raciones nuevas del viejo queso rancio que todos somos. Hemos tenido que adoptar una serie de reglas, llamadas de etiqueta y urbanidad, para hacer tolerable este frecuente contacto, y no tener que llegar a una guerra abierta. [...] Vivimos hacinados, interponiéndonos los unos en el camino de los otros y tropezándonos mutuamente, lo cual me parece que conduce a perdernos el respeto que nos debemos. Ciertamente para comunicarnos las cosas importantes y afectivas, no haría falta vernos tan a menudo. (2005:135)

Cuánta razón tiene aquel hombre del siglo XIX, cuando ni de cerca se parece a esta vida moderna, pero que, de algún modo, refleja los problemas que también ahora vivimos en las relaciones con los otros, y no se diga en lo que entendemos por "comunicación"; como si ésta dependiera cada vez más del "medio" por el que nos comunicamos y cada vez menos el preguntarnos del valor de lo comunicado. Habría que preguntarse si haría falta en realidad vernos tan a menudo, encontrarnos con esa frecuencia que hace de la comunicación un simple deseo de informar sobre lo que hacemos, de ponernos al día, como si del periódico se tratara. Ciertamente nada tiene de malo, parlotear, o vivir en ese "hacinamiento", en ese ir tropezando unos con otros, y, sin embargo, mucho de eso conduce a "perdernos el respeto que nos debemos". Idea que parece ser la base de la hospitalidad, de la civilidad, de la apertura al otro, que busca una comunicación más auténtica. Quizá Thoreau sabía que eso también requiere de un aprendizaje, ése que sólo se obtiene en el viaje iniciático hacia nosotros mismos. ¿En qué se nos va la vida?, se preguntaba Thoreau, quizá en seguir rutas que ni siquiera nos hemos preguntado por qué las seguimos.

En el fondo de su propuesta está nuevamente la idea primera de este trabajo, del escritor Paseante que quiere hacer habitable y no sólo visitable un espacio; pero ya no sólo se trata del espacio en el que se vive, sino de aquel otro más íntimo y que requiere de la soledad. El Paseante se recoge, entonces, en la propia interioridad con las cosas del mundo. Es el hacedor de su propia vida y de su trabajo ensayístico. Así, el centro de la escritura es en muchos sentidos la necesidad de la soledad, como un imperativo para aproximarse a las formas de vida y a los problemas que, poco a poco, la vida moderna comenzaba a mostrar y a revelar. También Thoreau pudo ver y percibir lo que implicaba esa modernidad y, por ello, se resistía, se rebelaba, y al mismo tiempo creaba otra forma de vida, no huyendo de la realidad, sino por el contrario, abriéndole otras posibilidades.

Sabía, de algún modo, del desencanto que la vida industrial, que ya comenzaba a instalarse en el estado de Massachussets, traería consigo, la otra cara que esconde el progreso y que, conforme vamos viviendo, se va develando con mayor claridad. Ya Walter Benjamin recogía, en alguna de sus "Tesis de la historia", lo que el desarrollo industrial y tecnológico traía consigo: "No hay documento de cultura que no sea al mismo tiempo un documento de barbarie", ¿pues qué valor tendría todo lo que implica la cultura cuando la experiencia no nos conecta con ella?, sugiere en otro de sus textos. Probablemente a esa intervención, a través de la experiencia del individuo en la cultura, es a adonde se dirige la escritura del Paseante, para hacerle frente desde otro lugar a la injusticia y a la deshumanización, productos cada vez más sofisticados de la barbarie. Para Thoreau el crecimiento del capitalismo suponía que, en efecto, traería el progreso, pero también veía en éste un nuevo tipo de "mecanización de la vida", sentía que la sociedad pasaba de la tiranía política a la económica: "No cultivar obreros y esclavos sino seres humanos".

La vida moderna, en su deseo ingenuo, imaginaba en el progreso una vida fecunda y completa que, quizá, sin mucho esfuerzo, se buscaba para obtener los beneficios de una sociedad cada vez más industrializada, pero que, para la mentalidad de Thoreau, esa vida iba perdiendo la capacidad para ya "no ver paisajes sino materias primas", y al ser humano lo convierte cada vez más "en herramienta de sus propias herramientas". Extrema, quizá, su visión de la vida moderna, o una mirada crítica adelantada a su tiempo, como si el escritor Paseante, como este pensador estadounidense, pudiera de algún modo ver más allá, siempre más allá de las cosas y de sí mismo, de su espacio-tiempo; por su capacidad observadora y atenta a su presente, a su momento. Por la hondura y profundidad que alcanzaba a percibir en las cosas y en el mundo, para luego reordenar y crear las posibilidades que evocaban los lugares que recorría.

En sus trayectos, Thoreau además de entablar relaciones y conversaciones con personas de todo tipo, clase, cultura y trabajo, se le desplegaba "un enorme campo de experiencias que sentía que aún no exploraba"; y en esa apertura buscaba, aprendía e investigaba, para luego en la soledad de su escritura ordenar, dar forma y apropiarse de esas nuevas realidades. Quería regresar de nuevo a las cosas, volver a pensar y a sentir sobre lo que sus sentidos percibían, no mediado por la tradición y la cultura que, aunque, ciertamente, no nos podemos deshacer de toda esa herencia, sí se podía poner en cuestión o asumir con más lucidez. Parecía seguir la consigna de Goethe, cuando durante su viaje por Italia escribió: "No descansaré jamás hasta saber que todas mis ideas se derivan, no del rumor o la tradición, sino de mi contacto vivo y real con las cosas en sí".

La escritura ensayística era para Thoreau una manera de ir palpando nuevamente las cosas, de irlas haciendo suyas. Pues el conocimiento también es salvaje: "no está cortado y apilado como la madera", sino aparece como un destello de perspicacia, una chispa que conecta a la mente con el mundo: "la iluminación de la niebla por el sol". Y en esa iluminación las formas se iban revelando en una unidad de tiempos y espacios, en donde todo era significativo: las caminatas, los encuentros fortuitos, la organización de su vida, el cuidado de la naturaleza, el respeto al tiempo libre y al trabajo, la participación en la lucha por las libertades; en suma, el cuidado de sí mismo y de su realidad. Pues sabía que el respeto a su entorno y a los otros, la conciencia que todo ello despertaba, necesariamente le retribuiría una vida más plena. Por eso podemos entender su insistencia en la belleza y dignidad del mundo más que en su "utilidad y su comercio".

Una mirada apasionada y asombrada por lo cotidiano, por lo insignificante, es lo que se configura en el paseo, en el ejercicio de la escritura, en el "método amétodico" del escritor Paseante, o como lo llama el filósofo Michel Onfray refiriéndose a este escritor: el "método Thoreau", que subyace en sus escritos no como un tratado de reglas cívicas, sino como "una ética del caminar pensante" que aspira a "cambiar el orden del mundo, cambiando uno e invitando a los demás a cambiar", para dar razón y sentido a lo que nos pasa; pero, sobre todo para abrir nuevas formas de habitar y de permanecer en la búsqueda de seguirnos pensando como individuos y como sociedad. Una ética que lo empujaba no sólo a caminar por los bosques, a pensar, a percibir con entusiasmo y asombro, sino también a confrontarse con las luchas en contra de lo que le parecía injusto, como cuando se opuso a la invasión de Estados Unidos a México o a las distintas formas de esclavitud. Desconfiaba del Estado, de las leyes, de las autoridades exteriores a uno mismo, y creía, en cambio, en que "a cada hombre le basta su profunda y secreta divinidad".

Nos invita así, a ser exploradores y autoridad en nuestros mares y desiertos, a sumergirnos en lo más profundo a pesar de la soledad, del silencio y la oscuridad; pues sabía que, como en las noches tormentosas que tenía en el bosque, todo eso dejaría rastro, huellas, señales, heridas hondas de las que había que conocer y aprender. Pues ya no bastaba con indignarse, con rebelarse, ahora había que hacerse la pregunta de cómo ser mejor persona, de cómo esforzarse por ser un "hombre bueno", y éste, como el artista, era para Thoreau quien "se esculpe a sí mismo", pues "el malo se destruye a sí mismo".

Como buen filósofo, Thoreau nos alerta sobre eso que somos, y que habría que tener cuidado e irse despacio, pues a veces somos como el cazador: "Todo hombre, por tanto, sigue el rastro de sí mismo". De ahí la importancia de lo que ha sido nuestra formación y educación; de lo que hemos recibido y las tradiciones que heredamos; de lo que hemos conocido y aprendido, pues mucho de eso es lo que se introduce desde afuera de nosotros mismos, y será lo que conforma, de algún modo, el rastro que vamos dejando, pero también la ruta a la que estamos atentos para seguir buscando:

> Un hombre recibe sólo lo que está preparado para recibir, ya sea física, intelectual o moralmente. Escuchamos y asimilamos sólo lo que ya sabemos a medias. Si hay algo que no nos afecta, que está fuera de nuestra perspectiva, que por experiencia o ingenio no atrae mi atención, por muy innovador o destacable que sea, cuando se pronuncia, no lo oímos, cuando se escribe, no lo leemos, o si lo hacemos, no nos retiene. Todo hombre, por tanto, sigue el rastro de sí mismo (la metáfora está sacada de la caza) a través de la vida, en todas sus escuchas, lecturas, observaciones, viajes y paseos. (2005:122)

Pero la metáfora se hace más compleja si pensamos que ese rastro, ya dado, es el que vamos a buscar y por tanto a desarrollar, lo que a veces nos hará presas fáciles para acomodarnos y conformarnos en eso que creemos ser nosotros mismos. De alguna manera nos dice Thoreau que escuchar, leer, observar, viajar está condicionado en mucho por lo que hemos aprendido, por cómo hemos sido educados, por lo que hemos heredado en la tradición y la cultura. Por tanto, si nos quedamos sólo con ello, todo paseo, toda escucha, todo viaje, toda observación poco abrirá nuestros horizontes para percibir, para recibir algo que no sea ese mismo rastro de nosotros mismos, y, entonces, caeremos, fácilmente, como la presa con el cazador, en manos de quienes se erigirán como autoridades, sin que ni siquiera nos demos cuenta de ello.

Como hemos visto, para el escritor Paseante es básica la confrontación con uno mismo en ese paisaje solitario, quizá para ir borrando el rastro y perderse, en cambio, como quería Walter Benjamin, "como quien se pierde en el bosque". También a ese aprendizaje nos conduce Henry David Thoreau en sus largos paseos por el bosque de Walden.

En 1837 se graduó en Harvard y, sin embargo, "Harvard tenía muchas ramas, pero ninguna raíz", escribió. Diferenciando el conocimiento de la universidad, de aquel otro conocimiento que le brindó la soledad del bosque. Ahí donde descubrió el asombro y la novedad de las cosas, donde aprendió "no sólo a pensar" sino a ir adquiriendo una "lectura seria"; una observación más cercana y precisa de las cosas; una forma de vida que, como la filosofía, se le descubrió como un método de progreso espiritual que aspira a provocar una transformación radical del sujeto. "No se trata tanto de conocer esto o aquello como de cambiarse a uno mismo, ser mejor, ser más feliz".

Todo este aprendizaje, esa vida "metódicamente" aventurera, abierta a los riesgos, a las novedades, a la felicidad, pero también al sufrimiento, no podía ser diferente a la hora de encontrarse con su muerte, que ya con la tuberculosis muy desarrollada, aceptaba y afrontaba con serenidad, preparando sus escritos, ensayos, diarios, en los que seguía "trabajando en *su* campo y talando en *su* bosque", en aquel que quizá sería su último trayecto. Y desde su lecho de muerte, como durante toda su vida lo había decidido, quería vivir plenamente hasta el último aliento, sin miedo a lo desconocido.

MIGUEL DE UNAMUNO Y LOS PAISAJES HABITABLES

> Y yo mismo, ¿cómo podría vivir una vida que merezca vivirse, cómo podría sentir el ritmo vital de mi pensamiento si no me escapara así que puedo de la ciudad, a correr por campos y lugares, a dormir en cama de pueblo o sobre la santa tierra si se tercia? A sacudir, en fin, el polvo de mi biblioteca.
>
> Miguel de Unamuno

Considerado un gran viajero de pueblos y ciudades, de parajes y montañas sobre todo en España, y más aún, paseante riguroso de las profundidades interiores de su ser, Miguel de Unamuno es otro ensayista Paseante de la naturaleza y los caminos que, al huir de las muchedumbres y los ajetreos políticos de su época, en realidad iba buscando comprender y sentir la realidad: "Déjame, pues, que huya de la sociedad y me refugie en el sosiego del campo, buscando en medio de él y dentro de mi alma la compañía de las gentes". (2007:779). El ser filósofo no fue suficiente para adentrarse en sí mismo y en la realidad, por ello, no era extraño que explorara otras perspectivas, disciplinas aterrizadas en géneros híbridos, cabalgando entre la imagen poética y la reflexión filosófica, entre el ensayo, la poesía y la novela. De ahí que no bastaban los conceptos, sino que había que extender las ideas, y que mejor método que el ensayístico para explorar el rigor y la dificultad del pensamiento con el despertar y el cultivo del sentimiento, como ya lo había experimentado él mismo. En su caso recorreremos, apenas, algunos de sus pasos que develan también un cierto "método ametódico", con el que iba creando al caminar, escribiendo en sus paseos, y mirando la realidad en la intimidad de su escritura.

Pensador y poeta que se dejaba llevar por lo que se cruzara en su camino: paisajes, lugares, ciudades, pero también ideas, sentimientos, metáforas, imágenes, para detenerse después en el rigor de su escritura. Diferenciaba entre caminar y pasear, como él mismo lo escribe en su novela *Niebla* cuando dice de su personaje: "porque Augusto no era un caminante, sino un paseante de la vida.". Quizá porque el caminante se deja llevar por una elección determinada, un destino preciso, un objetivo a cumplir; mientras que el paseante es un ser que simplemente se deja llevar por lo primero que se cruza en su camino: "y ahora, ¿hacia dónde voy?, ¿tiro a la derecha o a la izquierda?". "Esperaré a que pase un perro —se dijo— y tomaré la dirección inicial que él tome.", y sabemos que no fue un perro lo que se cruzó en su camino sino una "garrida moza", con quien da inicio aquella aventura o desventura que refiere la novela.

En su libro *Viajes y Paisajes*, Unamuno hace explícita la relación entre naturaleza, ciudad e interioridad, sus meditaciones están impregnadas de su propia religiosidad; una espiritualidad que cultivaba al tiempo que recorría paisajes memorables. Caminar y percibir los paisajes o las calles sin ningún afán u objetivo, como lo hacía Virginia Woolf, Robert Walser, Walter Benjamin o Sergio Pitol, es decir el Paseante, muy diferente al valor que se le pueda dar a un espacio "visitable", que lo utilizan como señuelo turístico, o novedad de los medios de comunicación; como pensaba Unamuno: "parece como si la naturaleza sólo fuese noticia ante catástrofes, inundaciones, riadas, desprendimientos de tierras o sismos, catástrofes muchas veces inducidas o agrandadas por nuestra incuria. También podemos observar cómo en España la instalación de eólicas o de paneles solares no han suscitado apenas controversia estética." (2014:13). ¡Qué cercana a nuestra realidad parece la idea del escritor! Interés que predomina, es decir, utilizar los espacios para tareas productivas más que para dejarse empapar por ellos y tener la voluntad de comprenderlos, y "habitarlos". Lo mismo nos recuerda su personaje Augusto en la novela *Niebla*: "Es una desgracia esto de tener que servirse uno de las cosas —pensó Augusto—; tener que usarlas, el uso estropea y hasta destruye toda belleza. La función más noble de los objetos es la de ser contemplados. ¡Qué bella es una naranja antes de comida!."

Se trata de paseos o estancias en pueblos españoles, pero no precisamente como una literatura de viaje; si la entendemos como esa tendencia viajera en donde predominaba el afán de conocimiento de otras culturas y tradiciones, inspirada por las ideas de la Ilustración del siglo XVIII, e intentando renovar y liberar a la sociedad de la ignorancia. No es precisamente ésta la finalidad de los paseos y viajes por España de Unamuno, sino recorrer esos paisajes experimentando el sentir que le suscitaban, notando los rasgos de la naturaleza, diferenciando las formas de vida y registrando lo que todo ello, como experiencia del paseo, se le presentaba como proceso creativo. Haciendo también de esos paisajes, lugares "habitables" y no sólo "visitables", es decir no intentaba sólo vivir en ellos, sino descubrir el impulso hacia dentro de sí mismo. Por ello no es extraño que la particularidad de algunos de los ensayos de Unamuno que refieren sus paseos sea mostrar "la cuestión humana, que es la mía, y la tuya, y la del otro, y la de todos." (2007:781). Pareciera que Unamuno sintetiza en su escritura esta idea, más íntima, más interiorizada y, por ello, más personal, sin que esto signifique, meramente, una escritura autobiográfica, sino que conlleva la característica de ser el ensayo de un Paseante. Como aquel que tiene la necesidad de una vida de soledad, pues como deja ver en su ensayo "Soledad", es en esa vida donde se da el "diálogo con los hombres todos".

Aunque el ensayo del Paseante sea algo de literatura de viaje, retocada, en ocasiones, con espíritu del romanticismo, en donde el ideal era viajar hacia afuera para buscarse a sí mismo, lo que quisiera enfatizar y recoger como algo específico de este tipo de ensayo, es la capacidad de observación, de "notación", de atención no sólo de la realidad que está frente al Paseante, sino de lo "fantasmático", lo que aún estando ausente se hace presente en la realidad de las cosas. Vislumbrar en lo visible la invisibilidad de lo que somos y las huellas que ha dejado lo ya sido. Y si regresamos al símil del "como si" que proponía Barthes, el ensayo del Paseante se lee *como si* el lector mismo fuera también el paseante que habita esos territorios, a los que tendría que acudir *como si estuviese seguro* de haber estado en ellos o de tener que ir. Porque, finalmente se trata de que el paseo no sólo da cuenta de un recorrido físico, sino de la introyección de la exterioridad para que el ensayo sea la manifestación de esa idea, de ese acercamiento a las cosas para que vuelvan a dar qué sentir y qué pensar.

Mucho se ha escrito sobre este filósofo y literato, desde el ámbito político, biográfico, sociológico, obviamente literario y filosófico, pero en muchas ocasiones atravesado por una mirada ideológica que más que dejar hablar a su obra, se le imponen juicios y valores en un contexto histórico muy revuelto y problemático como para que un pensador pueda definirse de un lado o de otro, a favor o en contra. Más bien en sus ensayos se deja ver este claroscuro que permea mucho de su carácter, de su pensar y su sentir. No es el propósito de este escrito situarlo en un contexto histórico y político, como sí lo es ubicarlo en el contexto de sus propios valores, que nos muestran al hombre cotidiano que recorre lugares y paisajes, dejando constancia de las impresiones que en él se despiertan para convertirse en eso que podemos llamar el ensayo del Paseante. En una particular manera de habitar los espacios recorridos, pero también los imaginados y proyectados, creando, de algún modo, lo observado y lo vivido, no sólo para dar cuenta de los lugares que visitaba, pues no se trata de crónicas de viaje, sino de experimentar las posibilidades de sentir y de pensar, pues

> el paisaje, la ciudad, el lugar o la cumbre dependen, ante todo, de la persona que los contempla, y de este modo lo

contemplado y recorrido es recreado, es conocido en su esencia, al tiempo que quien contempla se va descubriendo, conociendo y creando a sí mismo. El conocimiento de los lugares es solidario del conocimiento de la propia personalidad; de manera que el viaje «externo», el recorrido objetivo a través de la geografía hispana, es una profundización, un viaje interior que lleva a la creación de la propia personalidad. (Lozano Marco en Llorens García, 2003:2)

Algunos ensayos de Unamuno, son un buen ejemplo de esa forma contemplativa más que descriptiva, escudriña por dentro de las cosas; nos revela al ojo que percibe, al alma que siente, al espíritu que se abre a los caminos que recorre, para comprender la propia realidad y conmoverse de la condición humana, de su fragilidad, de su tragedia y su belleza. Apela a ver nuevamente lo que en nuestro ajetreo cotidiano olvidamos, dejamos de percibir; de ahí que su recorridos y estancias por los pueblos de España, dejan de ser lugares específicos y tiempos determinados para universalizarse, para hacerse contemporáneos de todas las cosas, porque su dirección va encaminada a volver a ver, a volver a sentir y, por tanto, a volver a pensar.

No hay sentir sin pensamiento, ni pensar sin sentimiento. Algo que el pensador y literato Miguel de Unamuno había descubierto, y quien sabía que las palabras eran la herramienta primordial: el refugio, el consuelo, lo que permitía al solitario recogerse e inquietarse; sin embargo estaba convencido de "que, aunque se piensa con palabras, éstas han sido primero destiladas por la experiencia, por el sentimiento, por la pasión. Por ello, dice en su *Credo poético*,[2] 'piensa el sentimiento' y

---

[2] **Credo poético**
Piensa el sentimiento, siente el sentimiento
que tus cantos tengan nidos en la tierra,
y que cuando en vuelo a los cielos suban
tras las nubes no se pierdan.

Peso necesitan, en las alas peso,
la columna de humo se disipa entera,
algo que no es música es la poesía,
la pesada sólo queda.

Lo pensado es, no lo dudes, lo sentido.
¿Sentimiento puro? Quien en ello crea,
de la fuente del saltir nuna ha llegado
a la viva y honda vena.

No te cuides en exceso del ropaje,
de escultor, no de sastre, es tu tarea,
no te olvides de que nunca más hermosa
que desnuda está la idea.

No el que un alma encarna en carne, tan presente,
no el que forma da a la idea es el poeta
sino que es el que alma encuentra tras la carne
tras la forma encuentra idea.

De las fórmulas la broza es lo que hace
que nos vele la verdad, torpe, la ciencia;
la desnudas con tus manos, y tus ojos
gozarán de su belleza.

Busca líneas de desnudo, que aunque trates
de envolvernos en lo vago de la niebla,
aun la niebla tiene líneas y se eculpe;
ten, pues, ojo, no las pierdas.

Que tus cantos sean cantos esculpidos,
ancla en tierra mientras tanto que se elevan,
el lenguaje es ante todo pensamiento,
y es pensada su belleza.

Sujetemos en verdades del espíritu
las entrañas de la formas pasajeras,
que la Idea reine en todo soberana;
esculpamos, pues, la niebla.

'siente el pensamiento', y concluye: 'lo pensado es, no lo dudes, lo sentido'." (en Del Canto Nieto, 2006:285). En efecto, ya Unamuno había llegado a la conclusión de que la razón no es suficiente para apresar la realidad del hombre, de ahí que sus caminos recorridos (como paseante, como viajero) no sólo eran por la filosofía sino también por la poesía y la narrativa como formas de conocimiento. Y en esos caminos zigzagueantes construía su propio método. Una escritura llena de matices y detalles con los que iba construyendo el tapiz intrincado de su realidad. Como bien se expresa en el siguiente comentario:

> Unamuno contempla el paisaje con demora, caminando (...), meditando y, en segundo lugar, se inclina por valorar, más que la descripción más perfecta, virtuosa, la intuición y el sentimiento. En tercer lugar, cuando nos describe un paisaje, siempre nos habla de sus hombres. Su evocación de la historia, en todo caso, no es ni nostálgica ni retrógrada." (Ruiz Baudrihaye, prólogo en Unamuno, 2014:12).

Escritura, pues, que se mueve entre las experiencias e impresiones, que se revelan en la cuidadosa "notación", para luego decantarlas en el sentimiento profundo y auténtico del pensamiento. Pues como lo ha manifestado el mismo Unamuno, se requiere dejar el automatismo y las cosas sin importancia y emprender el trayecto al "mundo que nos rodea [y que] entra en nosotros por los alimentos y por las excitaciones sensoriales, por el estómago y los pulmones de una parte, y por los sentidos de otra. Son los dos elementos del ambiente." (2007:446). Y de "ese equilibrio, constantemente roto y reproducido, arranca el ritmo de la vida". Es el ritmo que seguirá en la "anotación" de su ensayo.

En sus paseos y recorridos camina por senderos de niebla; senderos por donde se atraviesa cierta inquietud y angustia de los individuos, dolor y tragedia de los pueblos, estupor y esperanza de la humanidad. Caminos que alientan una vida interior gozosa y sufriente. La escritura era como esculpir con la niebla de la naturaleza humana y "hacer luz en el problema cuando se compare el modo de reaccionar a las excitaciones del ambiente, los sentidos de un organismo humano formado en la gran ciudad y los de otro organismo formado en el campo" (Unamuno, 2007:444), para modelar el alma a la manera de un artista. Y en su creación, el Paseante traza un camino entre la observación más objetiva de su entorno y la notación de sus impresiones, en el trayecto de retorno al espacio íntimo y luminoso de la escritura: "Luego a casa, me siento a trabajar, y a la vez que mis piernas descansan, actívase mi cerebro refrescado por el paseo". (2007:445). Equilibrio entre el afuera y el adentro como una cuerda floja que mantiene pero también empuja, de vez en vez, a los abismos de la perplejidad, de la angustia y el desasosiego; pero busca, se pierde y retoma el vuelo para elevarse hacia sí mismo y crear la "visión" que entre los caminos de niebla contempla:

> Trazo, lector, con sosiego y holgura estas líneas en un lugar de mi Castilla rayana a Extremadura, de esos terminales *de ir, quedarse y volver y no de ir, pasarse y seguir*. En uno de esos que son como remansos de espacio, de tiempo y de pensamiento, que convidan a ver más que a discurrir. Bien que, ¿hay acaso visión que no empuje al discurso? ¡Va hecha una visión!'. (Unamuno,2014:153, énfasis mío).

Quizá Unamuno tenga razón: la visión empuja al discurso, pero éste de nuevo impulsa para ver de otra manera. El Paseante introyecta la naturaleza que está afuera, y se va apoderando de él hasta inducirle a una especie de ensueño fantasmático, en donde la sublimación del paisaje y la exaltación de su sentir toman forma en la intimidad de su escritura. Pero también sus paseos estaban demasiado cercanos al ajetreo cotidiano, al parloteo político, a la confusión y violencia social, por lo que esa realidad lo hizo un férreo crítico del fango de la sobreinformación. Percibía esa vida que se disipa entre la prisa y, muchas veces, lo insustancial o superficial. Lo dice bien cuando habla de la vida en las ciudades, y desde ahí "me parece que la serie de las excitaciones sensoriales, que las variadas excitantes que por los sentidos nos entran, menudea tanto y es tan compleja, que apenas nos deja lugar a reponernos de ella lo debido. Es lo que se dice cuando se afirma que en las ciudades se vive demasiado aprisa." (2007:446)

De prisa y sin tiempo para digerir lo que pasa afuera, quizá por ello, como Unamuno habla de los medios de información como un "nefasto culto a la actualidad que del periodismo ha surgido." (2007:446). Pues "para un *reporter*, oír una noticia es darla; no reflexiona en ella. Se encuentra en la lamentable situación de un taquígrafo, que al levantarse la sesión de que tomó nota no sabe lo que en ella se trató." (2007:449). Ecos del pasado que, de algún modo, siguen resonando en nuestra actualidad. No es sólo la prisa y el ajetreo, tampoco se trata de un rechazo a la vida urbana. En el fondo, el Paseante retoma lo de afuera para dar forma a su realidad, nos recuerda lo que quizá hemos olvidado: que la realidad es poética, y esto hace posible una apertura atravesada por lo que "piensa el sentimiento" por lo que "siente el pensamiento", pues como analiza José Ramón del Canto Nieto de la obra de Unamuno: "la razón sólo da 'las relaciones de las cosas, su exterior', pero no aquello que está por debajo y que es lo verdaderamente importante: el yo del poeta, su alma, sus anhelos, sus pasiones". (2006:285).

Probablemente sea de esa interioridad desde donde el individuo pueda ser capaz de conmoverse con lo que le rodea, capaz de ser críticos ante lo que tiene enfrente, capaz de distinguir la belleza en medio de la inmundicia de la condición humana, capaz de hacerse cargo del dolor y el sufrimiento. Quizá tenga que ver con ese olvido del que hablaba Gadamer de la pérdida de lo sagrado, es decir la pérdida de un cierto tipo de "experiencia poética". Al Dejarnos atropellar por la información, repitiéndola sin cesar, dejarnos saturar en esta vida moderna de la sobreinformación y hacer con ella, apenas, un picoteo sobre la realidad, sin ir a fondo, sin percibir los claroscuros, sin sentir lo que de tan cercano ya no vemos. ¿No nos recuerda esto, acaso, lo que ya había dicho Walter Benjamin de que saturados de todo ello, no hacíamos sino vaciarnos de experiencias, empobrecernos, no sólo en nuestro interior, lo que se adentra en nosotros, sino también empobrecer la mirada que posamos en el mundo, de ese ojo que se queda cada vez más en la superficie? Porque ¿de qué podemos apropiarnos como sociedad, como individuos si no es de las posibilidades que nos revela la realidad?

Hace falta ver los signos, tocar las texturas, o como escribía el mismo Unamuno sentir el pensamiento. El paseo se ha convertido cada vez más en mero ejercicio físico en detrimento del cultivo de la interioridad. De ahí que el ensayo del Paseante nos pueda recordar sobre lo que ya alertaba el escritor británico Robert Louis Stevenson en su libro *Caminar*: "Tenemos tanta prisa por hacer, por escribir, por acumular posesiones, por hacer audible nuestra voz un instante en el silencio burlón de la eternidad, que olvidamos aquello de lo que estas cosas no son sino partes, a saber: vivir".

Unamuno sabía bien que, a veces, los demasiados afanes y actividades en nuestro vivir, limitan y parcializan nuestra concepción de la realidad. Su momento histórico no fue fácil, lo hizo presa de acusaciones y conflictos con personas cercanas a él, tuvo diversas posiciones peligrosas que incitaban a conflictos entre bandos que la guerra civil imponía. Para unos era fascista para otros bolchevique, lo cierto es lo que él sabía de sí mismo: "No soy ni fascista ni bolchevique, estoy solo". Y más adelante en ese mismo ensayo, "Soledad", aclara:

> Me acusas de que no me importan ni interesan los afanes de los hombres. Es todo lo contrario. Lo que hay es que estoy convencido de que no hay más que un solo afán, uno solo y el mismo para los hombres todos, y nunca lo siento ni lo comprendo más hondamente que cuando estoy más solo. Cada día creo menos en la cuestión social, y en la cuestión

política, y en la cuestión estética, y en la cuestión moral, y en la cuestión religiosa, y en todas esas otras cuestiones que han inventado las gentes para no tener que afrontar resueltamente la única verdadera cuestión que existe: la cuestión humana, que es la mía, y la tuya, y la del otro, y la de todos. (2007:781)

De ahí que la cuestión de Unamuno no era uno u otro afán: cívico o político, social o personal, sino la cuestión humana que pudo afrontar no sólo desde su obra sino desde su vida misma. De eso tratan los recorridos de los Paseantes, de reconocer la vida como individuos, de volver de nueva cuenta a las formas de vida para ver diferencias, para notar a los prójimos, para cultivar el sentimiento y el pensamiento, finalmente para ensayar distintas maneras de apertura a la realidad. Sin duda, el paseo y la escritura de estos Paseantes exponen métodos "ametódicos" para interiorizar, procesar y crear ideas, para reconocer sentimientos e imágenes que nos mueven a resignificar, a inteligir otras maneras de "habitar" y comenzar el diálogo con lo que nos rodea:

No hay más diálogo verdadero que el diálogo que entablas contigo mismo, y este diálogo sólo puedes entablarlo estando a solas. En la soledad, y sólo en la soledad, puedes conocerte a ti mismo como prójimo; y mientras no te conozcas a ti mismo como a prójimo, no podrás llegar a ver en tus prójimos otros yos. Si quieres aprender a amar a los otros, recójete en ti mismo. (Unamuno,2007:780).

En efecto, a donde se llega durante y después del paseo es al retorno a sí mismos, a la propia interioridad, y en ese recogimiento se proyecta el siguiente paso para dar comienzo a un paseo más, a un nuevo ensayo.

AL FINAL DEL PASEO

A este estado de expectación, lleno de duda e intranquilidad de espíritu, nos conducen los caminos. Cualquier vista panorámica insignificante, cualquier imagen que podamos abarcar de cuanto se extiende ante nosotros, dará riendas a nuestra imaginación para que pueda prescindir del cuerpo y lanzarse a las sombras de los bosques, contemplar el llano desde la cumbre de las montañas y recorrer los meandros de los valles que vemos a lo lejos. El camino ya está allí, no puede faltarnos mucho para llegar.

Robert Louis Stevenson

El ensayo del Paseante se escribe en el recorrido y en el rodeo por las cosas, por los pasajes, los seres y los tiempos, agudizando la mirada crítica y poética para ejercer una particular percepción del mundo. Inevitable que esta mirada no se deslice a contrapelo de esa realidad, a veces impuesta y, otras, invisible a fuerza de la repetición de las formas de vida; formas impregnadas, cada vez más, de prisa, de trabajo, de caos urbano, de sobreinformación; en suma, de falta de tiempo y, en gran medida de inercia y costumbre. De ahí la importancia de acercarnos al ensayo del Paseante, al otro lado de las cosas que se asoma entre los caminos que recorre el escritor Paseante que, sin resignarse a la visión momentánea de lo actual, retoma con el tiempo que requiere, los gestos, las ruinas del pasado, las promesas del progreso, las retóricas discursivas; pero, también, la acción de pensar, de sentir y de buscar al interior de sí mismos en la soledad que reclama este ejercicio. Con todo ese material, el Paseante prepara la escritura tejiendo la realidad y su existencia. Mientras escucha y mira, retoma, recoge sin jerarquizar ni desechar, para luego, en el proceso solitario de la escritura, completar la escena, el cuadro, la visión que se resguarda en esa intrincada constelación de elementos, y que constituyen el proceso creativo de la escritura ensayística.

En su andar, el Paseante se abre al desasosiego y a la perplejidad, haciendo que lo familiar y conocido, lo efímero y fugaz, la "naturaleza y costumbres se abran atractivas y encantadoras a los sentidos y ojos del paseante atento, que desde luego tiene que pasear no con los ojos bajos, sino abiertos y despejados, si ha de brotar en él el hermoso sentido y el sereno y noble pensamiento del paseo." (Walser, 2009:53). Y quien atiende a la experiencia del paseo, como aquello que *le pasa*, que *le acontece*, es también quien se sabe inserto en la propia finitud y en la que lo rodea: en el saberse siempre de paso. Finalmente, el paseo para pensar, para darle cauce y sentido a lo que somos y a la realidad en la que estamos, como lo hemos visto a lo largo de este paseo en compañía de Robert Walser, Virginia Woolf, Sergio Pitol, W. G. Sebald, Walter Benjamin, Fernando Pessoa, Henry David Thoreau y Miguel de Unamuno. Retomar con estos autores el diálogo al que en sí mismo invita el ensayo, es también encontrar en la otra voz, no la fuerza dogmática de quien tiene autoridad, sino la apertura y renovación del pensamiento cuando la "cita" se convierte en un encuentro.

Ensayistas, escritores que conforman una geografía de la realidad que apela a la mirada y a la experiencia del Paseante. Su escritura revela los pasajes de lo diverso y contradictorio, pero también de las posibilidades del lenguaje y de la realidad; lo que lleva al escritor a tener una determinada postura frente a lo que ve: "ha de exigirse del investigador abandonarse a una actitud serena, la típica actitud contemplativa al ponerse enfrente del objeto; tomando así conciencia de la constelación crítica en la cual este preciso fragmento del pasado encuentra justamente a este presente." (Eduard Fuchs en Benjamin, 2007:70).

Espacios narrativos construidos por la extrañeza de lo fantasmático: lugares habitados o desolados, ocupados o abandonados, que se despliegan como germen siempre latente de lo ya sido y de lo porvenir. Escritura del espacio-tiempo que da cuenta de la experiencia del ensayista, del contexto de los acontecimientos y de los pasajes imposibles que acompañan toda manifestación de cultura y de barbarie. En una red de voces y visiones que conforman el ensayo, *como si* se escribieran narraciones e historias con personajes, atmósferas y escenarios, que se centran en la reflexión sobre la condición humana. Espacios literarios que muestran y se hacen cargo de todo aquello insubordinado al pensamiento hegemónico y dominante; del mismo modo, ensayos que convocan a la experiencia y a la imaginación críticas, donde el lector se transporta a esos "paisajes predilectos", como en las fotografías de las que hablaba Roland Barthes, que nos impulsan hacia atrás o hacia adelante de nosotros mismos. Y es que

> el fotógrafo es una versión armada del paseante solitario que explora, acecha, cruza el infierno urbano, el caminante voyeurista que descubre en la ciudad un paisaje de extremos voluptuosos. Adepto a los regocijos de la observación, catador de la empatía [...]. Al flâneur no le atraen las realidades oficiales de la ciudad sino sus rincones oscuros y miserables, sus pobladores relegados, una realidad no oficial tras la fachada de vida burguesa que el fotógrafo 'aprehende' como un detective aprehende a un criminal. (Sontag, 2006:85)

De algún modo, el fotógrafo, el flâneur, pero, sobre todo, el Paseante es quien camina y escribe *como si* la literatura se hiciera cargo de la desmesura del mundo; *como si* fuera el guardián de todo aquello desvanecido por el tiempo y el olvido, centinela de la esencia de los seres humanos. Estos escritores parecen excavadores en la desesperanza y el sinsentido para exhumar de ahí "eso" que el ser humano ha perdido en el camino; "eso" que también conforma lo que somos. Inmersos, de algún modo, en la imagen melancólica del mundo, tienen una relación privilegiada con el duelo y con la muerte, con la finitud de las cosas; hablan con alegorías, es decir, perciben desde "otro lado", desde lo fantasmático y las ruinas de la realidad, para dar forma, para hacer espacio a los vislumbres de la felicidad y la belleza; de la vida elevada y plena, y quizá esos destellos se configuran en las formas de habitar-nos.

Como recurso literario, la alegoría fue usada para transmitir de manera indirecta las intenciones o los sentidos del autor; pero en la filosofía, tiene otra función: reconocer el modo en que el mundo expresa significados. De ahí que el ensayista abra una perspectiva filosófica, crítica y literaria para pensar el mundo desde la alegoría, creando una red de múltiples sentidos; pero, paradójicamente, inmersa en los límites del lenguaje y la expresión, "lo que aparece en la alegoría es la infinitud de significados que se adhieren a cada representación." (Buck-Morss, 1989:261). El paseo, en este sentido, es también alegoría de la resistencia frente a la vida moderna que, las más de las veces, nos sumerge en el vacío, saturándonos, cada vez más, de banalidad, violencia y estupidez. Cuánta razón tiene Rüdiger Safranski cuando escribe que

nunca podemos experimentar directamente la realidad. Siempre se introducen imágenes, unas que nos acometen desde fuera y otras que son producidas por nuestra imaginación. Vivimos en un capullo de imágenes y es muy importante su clase: si son ricas, nuestra realidad también se enriquece; si son pobres, vivimos en un desierto. (en Nooteboom, 2012:11)

Con esta concepción de la imagen es posible percatarse de la responsabilidad de cada uno para cultivarlas, pues su riqueza o su pobreza no depende tanto de la saturación de imágenes sino de reconocer su "clase". Sobre todo, en este mundo urbano cada vez más caótico y aprensivo; pobre e indiferente; masificado y violento, en donde "habitar" se refiere menos a un recogimiento hacia sí mismo, o a la apertura frente a lo otro, en suma, a un recibimiento humano, que al infierno del que hablaba Ítalo Calvino, o al desierto al que se refiere Safranski, como parecen mostrarlo estos escritores Paseantes en esa multitud de imágenes que se desprenden de la realidad, de las formas de vida.

Se precisa, entonces, de las acciones del escritor Paseante y de la realización de su propia poética en el trabajo de lo insignificante, en el deseo de fabricar vidas, en la construcción de visiones, en las miradas melancólicas, en el amor a lo perdido, en la búsqueda de la interioridad. Finalmente, el ensayo que se sigue escribiendo en la soledad del paseo, desde una realidad inacabada, incompleta, fragmentaria para darle sentido, fundamento, forma a la existencia. Ensayo que se va conformando en el movimiento continuo, en la errancia, experimentando con las notas que se requieren para expresar otra comunidad potencial, para forjar los medios de otra conciencia y de otra sensibilidad en una "poética del paseo".

En este sentido, la literatura se convierte en esa forma *otra* de mirar al mundo: mirar lo que decimos, decir lo que vemos, aun sabiendo como dice Deleuze, que "lo que se ve no coincide nunca con lo que se dice, por más que uno se esfuerce en decir lo que ve". (1990:72). Quizá esta no coincidencia, entre el ver y el decir, es lo que caracteriza a esta particular manera de ensayar la realidad, que busca establecer grietas, llegar al límite, plantearse nuevas preguntas, quebrantar los significados, caminar a contracorriente o encontrar, como diría el mismo Deleuze, no identidades sino diferencias, escapar al modelo ideal para mostrar mejor las máscaras de la razón occidental. La escritura del Paseante imagina y cuestiona al mundo; escudriña y manifiesta, desde la radical alteridad que lo rodea, la insignificancia de lo que "somos". Expone lo fantasmático como parte esencial de los espacios y los tiempos. Como nos recuerda Derrida "no hay alteridad sin singularidad, no hay singularidad sin aquí-ahora" (1998:45). Esas extrañas singularidades, detalles, incidentes y particulares instantes se revelan en la alteridad de la escritura.

En cualquier lectura, una lectura inquisitiva, en la que el lector está dispuesto a repensarse, es posible verse a sí mismo en lo que lee. En este tipo de ensayo se abre la posibilidad de ser contemporáneos de esas realidades, en donde el narrador va en medio de la vida cotidiana, del ajetreo diario, de los encuentros fortuitos, del perderse buscando; del paso disperso centrado en el sentir, para detenerse en aquello que le da qué pensar, para volver a mirar y reparar en ello, sea en el campo o en la ciudad, en otro tiempo, o en este, cercano al nuestro. Por ello es más cercana la posibilidad de vernos ahí, a pesar de la distancia espacial y temporal, de ubicarnos en esos instantes eternos que captura y expresa la mirada del Paseante. Adentrarse en la propia interioridad no es tarea fácil, quizá siempre se requiere del "método", es decir del camino y, en este sentido, el ensayo del Paseante traza un sendero no para que lo siga del mismo modo el lector, sino para perderse, dudar y enfrentar las encrucijadas creando su propio método.

Extraer, entonces, nuevos sentidos de la realidad y de lo humano ahí donde quedan sólo restos, para construir una mirada literaria hacia el mundo. Recoger de nueva cuenta lo mirado en un pensamiento imaginativo que problematiza desde otro lugar; que reclama una postura para ejercerla en la palabra, una manera de responder literariamente y hacer del lenguaje, como quería Blanchot, un poder de contestación a la banalidad del mundo, a su desmemoria, a su pobreza, a su ceguera, estupidez y destrucción. Se trata de una reflexión en donde se encuentran y entretejen diversos elementos, por supuesto el paseo, que señala a distintas direcciones, pero también la experiencia del que recorre: el Paseante; así como su particular manera de mirar, de sentir, de pensar, para apropiarse de la realidad y devolver esa constelación crítica y atenta, memoriosa y abierta a seguir repensando el mundo y a sí mismo en la construcción de su método ametódico: el ensayo del Paseante.

¿Como darle forma a lo fantasmático? ¿Cómo percibir lo que parece sustraerse a la realidad? ¿Cómo construir el relato de la experiencia de esos paisajes que debieran ser habitables y no sólo visitables? La escritura del Paseante proyecta otras formas de estar en un lugar y de enunciar. El Paseante quiere también ser habitante de ese mundo fantasmático que la escritura le va revelando en un proceso de imaginación y recogimiento, de búsqueda e inquietud. Sabe que el camino ya está ahí, que no falta mucho para llegar a esos lugares habitables; pero, sobre todo, sabe que, en el comienzo y el fin, lo que permanece es la expresión amorosa con la que recoge y teje las formas de lo humano, en un ensayo que escribe *como si* escribiera una novela.

BIBLIOGRAFÍA

Adorno, Th. W. 1975. *Dialéctica negativa*, Madrid, Taurus.

— 2003. *Notas sobre literatura*, Madrid, Akal.

Agamben, Giorgio 2007. *Infancia e historia*, Buenos Aires, Adriana Hidalgo.

Barthes, Roland 1984. *La cámara lúcida*, Barcelona, Paidós.

— 1987. *El grado cero de la escritura*, México, Siglo XXI.

— 2004. *Crítica y verdad*, México, Siglo XXI.

— 2005. *La preparación de la novela*, México, Siglo XXI.

Bense, Max 2004. *Sobre el ensayo y su prosa*, México, CCy-DEL-UNAM.

Benjamin, Walter 1982. *Infancia en Berlín hacia 1900*, Madrid, Alfaguara.

— 1987. *Dirección Única*, Madrid, Altea, Taurus, Alfaguara.

— 1998. *Para una crítica de la violencia y otros ensayos*, Madrid, Taurus.

— 2007. *Libro de los pasajes*, Madrid, Akal.

— 2011. *Denkbilder. Epifanías en viajes*, Buenos Aires, El cuenco de plata.

Blanchot, Maurice 1992. *El espacio literario*, Barcelona, Paidós.

— 2007. *La amistad*, Madrid, Trotta.

Borges, Jorge Luis 1974. *Obras Completas*, Buenos Aires, Emecé.

— 1989. *El hacedor*, Buenos Aires, Emecé.

Buck-Morss, Susan 1989. *Dialéctica de la mirada*. Madrid, Visor.

Cadava, Eduardo 2006. *Trazos de luz. Tesis sobre la fotografía de la historia*, Santiago de Chile, Palinodia.

Calvino, Italo 2005. *Seis propuestas para el próximo milenio*, Madrid, Siruela.

— 2012. *Las ciudades invisibles*, Madrid, Siruela.

Del Canto Nieto, J.R. 2006. "El mito de Prometeo en la poesía y en la filosofía de Miguel de Unamuno", en *CFC (G): Estudios griegos e indoeuropeos*, 16, pp. 283-305.

Deleuze Gilles 1990. *Kafka por una literatura menor*, México, Ediciones Era.

Derrida, Jacques 1998. *Memorias para Paul de Man*, Barcelona, Gedisa.

Heidegger, Martin 1963. "¿Por qué permanecemos en provincia?", en *Eco. Revista de Cultura de Occidente*, 6(5), pp. 472-476.

— 1994. "Construir, habitar, pensar", en *Conferencias y artículos*, Barcelona, Ediciones del Serbal.

Larrosa, Jorge 2003. *La experiencia de la lectura*, México, F.C.E.

Lukács, Georg 1985. "Sobre la esencia y forma del ensayo (Carta a Leo Popper)", en *El alma y sus formas. Teoría de la novela*, México, Grijalbo.

Llorens García, R. 2003. *Los libros de viajes de Unamuno*, (prólogo de Miguel Ángel Lozano Marco). Recuperado el 30 de junio de 2015. https://biblioteca.org.ar/libros/89168.pdf

Llovet, Jordi 2004. "Walter Benjamin. El paseante de la ciudad". Recuperado el 20 de mayo de 2014. http://www.lacentral.com/pdf?op=articulo&id=3&idm=1

Morey, Miguel 2007. *Pequeñas doctrinas de la soledad*, México, Sexto piso.

Nooteboom, Cees 2012. *Tenía mil vidas y elegí una sola*, Rüdiger Safranski (ed.), Madrid, Siruela.

Pamuk, Orhan 2007. *La maleta de mi padre*. Barcelona, Mondadori.

Pessoa, Fernando 1993. *El libro del desasosiego*, (Edición preparada, traducida y ordenada por Ángel Crespo), Barcelona, Seix Barral.

— 2010. *El libro del desasosiego*, (Edición preparada, traducida y ordenada por Manuel Moya), Madrid, Baile del Sol.

Pitol, Sergio 1996. *El arte de la fuga*, México, Ediciones Era.

Sebald, W.G. 2000. *Los anillos de saturno*, Madrid, Debate Editorial.

— 2003. *Los emigrados*, Madrid, Debate Editorial.

— 2005. *Pútrida patria*. Barcelona, Anagrama.

— 2008. *El paseante solitario*, Madrid, Siruela.

Stevenson, R. L. 2016. *Viajar. Ensayos sobre viajes*, Madrid, Páginas de espuma.

Sontag, Susan 2006. *Sobre la fotografía*, México, Alfaguara.

Thoreau H. D.2005. *Walden o la vida en los bosques*, México, Grupo Editorial Tomo.

— 2012. *Cartas a un buscador de sí mismo*, Madrid, Errata Naturae.

— 2016. *Una vida sin principios*, Buenos Aires, Ediciones Godot.

Todorov Tzvetan 2005. *Crítica de la crítica*, Barcelona, Paidós.

Unamuno, Miguel de 2007. *Ensayos*, (*Obra Completa*, tomo VIII), Biblioteca Castro, Madrid.

— 2014. *Viajes y paisajes: Antología de crónicas de viaje*, (selección de textos y prefacio de Jaime-Axel Ruiz Baudrihaye), La Línea Del Horizonte Ediciones. Edición de Kindle.

Walser, Robert 2009. *El paseo*, Madrid, Siruela.

Woolf, Virginia 2001. *Viajes y viajeros*, Barcelona, Plaza & Janés.

— 2003. *Diario de una escritora*, Madrid, Ediciones y Talleres de Escritura Creativa Fuentetaja.

Este libro se publicó
en el mes de octubre
del año 2024